琉球秘伝・女踊りと武の神髄

バウンダリー叢書

琉球秘伝・女踊りと武の神髄

宮城隼夫

海鳴社

古典女踊り：諸屯（１）

琉球古手：チーアーシー（気合わせ）

古典女踊り：諸屯（２）

琉球古手：チーアギ（気揚げ）

雑踊り：加那ヨー（1）

琉球古手：拝み手

雑踊り：加那ヨー（２）

琉球古手：こねり手

はじめに

航空機が徐々に高度を下げていくと、突然白い雲の切れ目が現れる。刹那、眼下に広がる鮮やかな青とエメラルドグリーンの海。そして、白い波打ちの珊瑚礁に縁取られた沖縄本島が、徐々に目の前にせまってくる。〈美しい〉、これが、初めて沖縄を訪れる人の、大方の印象ではないだろうか。

東洋のガラパゴスと言われる、稀少動植物の宝庫〈沖縄〉。青い空の街角からは、軽快な民謡が、あちらこちらから流れ出て、道行く人を楽しませる。この亜熱帯の小さな島には、人を燃え立たせるような、深淵で明るい何かがある。

県外の大学の大学院を修了した私は、地元の琉球大学に赴任することになった。元来、人間というものに関心をもっていたこともあり、大学では、人間の曖昧さを科学に取り入れる「ファジィ（あいまい）理論」、人間の意思決定構造を数理的に分析する「意思決定過程」に関する研究に取り組んだ。

ファジィ理論は、従来の数学では除外されていた「大きい」「小さい」「ゆっくり」などの曖昧情報を、数学で扱えるようにしたものである。確かに、形容詞や副詞は、明確な量で表現せずに曖昧である。逆にいえば、形容詞や副詞などは、極めて人間的な表現なのである。舞踊や武術でも、「大きく、ゆっくりと円を描くように」とか「少し肩の力を抜いて」とか、曖昧な表現ながら、実に的確に指導を行っている。

また、情報科学における意思決定の研究では、「人間は多くの選択肢の中からどのように最適なものを選ぶか」という手順を見つけ、構造化する。心理学で扱うような、有意識、無意識の深い作用までは論じないものの、意思決定過程の研究を続けながら、人間の行動における無意識の重要性は、いつも脳裏にあった。これらの二つの研究が、後に武術と舞踊の関係をひも解くきっかけを与えることになる。

沖縄では、ゆっくりと時間が過ぎて行くように感じられる。人々もあくせくしない。そのせいかどうかはわからないが、沖縄は芸能が豊富な島である。その代表的なものの一つに、琉球独特の衣装をまとい、三線の音色と歌声に乗せて踊る琉球舞踊がある。衣装も、赤、青、黄の原色が織りなす布地の艶やかさに特徴がある。

琉球の踊りは、大きく二つに分けられる。一つは、素朴ながら、地方の村落の中で連綿と受け継がれ、祭祀や行事のときに踊られる民俗舞踊、もう一つは、民俗的なものが、日本や東南アジア諸国の芸能の影響を受けて芸術性を帯びていき、王府時代に完成された宮廷舞踊である。

舞踊が芸術的に高度化したきっかけは、王府が、遥か中国からの使者を迎える御冠船の行事だったと言われる。貴賓の接待用に、首里王府で準備された芸能が「御冠船踊り」であり、現在まで、古典舞踊として受け継がれているものである。御冠船というのは、琉球国の王が即位するとき、国王を任命するために派遣された使者「冊封使」を乗せてきた船のことをいう。

もう一つ、沖縄の民衆の心に深く浸透し、どこへ行ってもその道場が見られるものがある。空手である。琉球武術の先達らによって「空手」と命名された徒手空拳の武術は、「道」としての優れた内容と技の特異性から、明治・大正時代の黎明期を経て、瞬く間に日本本土に広がり、そして今や、世界中でその名称を知らないものがないほどになった。

世界中の人々が、修業のために、空手の本場沖縄にやってくる。直線的な突きや蹴りを主な武器とする空手は、身体の中心から烈火のごとく繰り出される直線動作故に、相手が動きを把握しにくく、また身体動作の合理性や精神修養の観点から、武術として最高の地位を確保しているのである。

私自身も、中学、高校生時代に空手を学んだが、多彩な手の形による受けと攻撃、足指の形を整えての蹴りを主とし、時折投げたりする空手に、それなりのイメージを描いていた。空手とはこういうものである、と。

本土の大学に進学した私は、合気道という武術の存在を初めて知った。空手では学ぶことのなかった「気」という不思議なものを用いて、極《き》めや投げを行う武術に、これまでにない新鮮な興味を覚えた。鳥取大学在学中には、合気道部に属して、投げ技、極め技の数々を学んだが、空手とはまったく違う、別物であるという認識だった。

大阪府立大学の大学院に入った頃、久しぶりに沖縄に帰省した私は、不思議な琉球武術に出会うことになる。父の勧めで、弟とともに、上原清吉という先生の道場を訪ね、稽古風景を見学させてもらったとき、私は目を疑った。突き、蹴りの攻撃に対して、軽く身を捌《さば》き、大きく投げ飛ばしているではないか。「これは琉球の武術ですか」と、思わず尋ねてしまった。自分の感覚では、空手というより、むしろ合気道に近かったからである。

まさに、「こんなものが琉球にあったとは」である。合気道と共通する武術が琉球にあったのである。それが、初めて琉球王家秘伝武術といわれる〈本部御殿手（ウドゥンディー）〉と遭遇したときの強烈な印象であった。

もちろん、琉球の武術であるから、徒手空拳を始め、極め技、さまざまな武器を使用する技も星の数ほどある。その中で特に目を引いたのは、身体を竹のようにしなやかに保ち、剛の突きや蹴りを軽々と捌いて、投げ飛ばしていく技であった。

しかしながら、驚くのはまだ早かった。なんと〈御殿手〉の奥義技は、琉球舞踊、しかも古典女踊りの所作にあるというのである。「何ですって?」、私は脳の思考回路が正常に働かないような錯覚を起こした。

古典女踊りと言えば、悠久の三線の歌に合わせて、動いているのか動いてないのか分からないぐらい、ゆっくり滑らかに手足や身体を動かしていく踊りである。「あの〈なよっ〉とした女踊りの、一体どこが武術になるのか」と全く理解ができない。そのため、「古典女踊りと琉球武術の関係は、単なる観念論で言っているにすぎないのではないか」とさえ考えた。これまでの〈戦う〉という武術論理にもとづくと、技の有り様、論理が組み立てられず、攻めたり受けたりする状況を、想像できなかったのである。

たしかに、琉球舞踊自体と空手のつながりは巷に言われていたし、空手の型を取り入れた舞踊もいくつかある。白鉢巻姿で軽快かつ勇壮に振りを見せる二才踊りは、素人目に見ても空手と関連がありそうである。「でも、でも」である。あのゆったりとした動きで、内に秘めた思いや情念を表現する女踊りが、武術の奥義技に関係しているなんて。当時の私には、露ほども想像が及ばなかった。四〇年前の話である。

今から考えれば、「武術は力と力、速さと速さ、技術と技術のぶつかり合いである」と、狭い範囲で〈武術〉というものをとらえていたからに他ならない。人間の内面に存在する無意識や、その意識の生み出す力、自然空間との一体感など、人間としての奥深い内面まで、武術と結びつけることができなかったのである。

その後、琉球大学に勤務して、研究や教育に没頭していた私は、合気道部の顧問を兼ねつつ、しばらく武術の練習から離れていた。とは言っても、ファジィ理論や意思決定の研究を続けながら、脳の片隅にはいつも、「琉球武術と古典女踊りの関係」が解けない謎のようにこびりついていた。「なぜ、ゆったりの所作が奥義になるのか……」。

何年か経って、また時間を見つけては、武術の練習に汗を流すようになった。合気道部の指導をしながら、仏教寺院における武術、中国の気功、太極拳、日本の古い武術など、古典女踊りに現れる動きと武術の関係を求めて、いろいろ探り始めた。

柔らかさを求めて武術研究にいそしんでいる間に、身体の中心の武術的効果、その効果は「全身の筋力や思考を止めること」から出てくることが、実感できるようになってきた。我々が普通に行っているような、有意識による力や思考という鎧を脱ぎ捨てたとき、新たに、ふつふつと本来の強力な力が内面から顔を出してくる。

経験を積んでいくにつれ、身体をゆったりとさせ、森羅万象への同一意識をもつことで、自分の潜在エネルギー力が高まるとともに、相手に大きな作用を及ぼすことができることもわかってきた。人間同士の意識の同化による、相手の潜在意識への作用である。

そのとき、ふと、あることに気づいた。「古典女踊りも〈ゆったり〉ではないか!」。そして、自分の無意識力を高める方法、相手の無意識に作用する方法、無意識の階層的な深さが実感できたとき、私は、琉球古典女踊りと武術の関係の謎が解け始めたのである。そして、琉球の秘伝武術が、本当に、舞の所作や心に密接に関係していることも。

目次

イラスト：喜屋武　英樹

第1章　舞に秘められた琉球武術の妙技

古典女踊りと気

女踊りに潜む気

話の理解を深めるために、琉球の古典舞踊について簡単に述べておこう。古典舞踊というのは、明治以前の首里王府時代に、すでにできていた踊りの総称である。年齢と性別によって分かれており、老人踊り、若衆踊り、女踊り、二才踊り、打ち組み踊りの五つの種類がある。この首里王府時代の古典舞踊に対して、明治以後にできたものは「雑《ぞう》踊り」と呼ばれている。何も「雑な踊り」という意味ではなく、古典に対しての言葉である。明治以降の士族制度の崩壊を受けて、沖縄では元士族による商業芝居が起こるが、その中で、庶民受けするように創作された踊りである。

太極拳の動きを研究し、気功法や気の力などを調べている間に、臍下丹田《せいかたんでん》の意識による中心力が、徐々にわかり始めてきた。息をゆっくりと吐き出してから全身の筋力を緩めることで、潜在的力を引き出せることを実感し、学生たち相手に実践できるようになっていた頃である。偶然に、沖縄県立芸術大学の舞踊発表会を見る機会があった。そこで、「あれっ」と不思議に思うことがあった。武術的な側面から、古典舞踊、特に女踊りの振りを見たときである。

例えば古典女七踊りの一つ「諸屯（シュドゥン）」。もっとも内面の描写が難しい踊りだと言われ、女踊りの中でも、最高の演舞力と表現力が要求される踊りだとされている。感情表現の一つ「抱き手（ダチディ）」を見たとき、私には、まるで気を養成する立禅のように見えた。いや逆に、身体を一点に統一した上で、深い想いから湧き出る気が無ければ、うまく「抱き手」を表現できないのではないか、とさえ思えた。

諸屯というのは、奄美諸島の加計呂麻島にある地名で、曲名は、出羽（仲間節）、中踊（諸屯節）、入羽（しょんがない節）の三部構成の中の中踊の曲「諸屯節」から付けられたという。抑えに抑えた熟女の想い、女心を表現しているといわれる。

この「諸屯」の所作に、秘伝武術が隠されているのだろうか。気と武術は、大いに関係があることは分かったが、女踊りにも気が必要なのだろうか。琉球舞踊では気が大事だと聞いたこともないが、立禅で気を養成すれば、古典舞踊がうまくなるのだろうか。疑問が次々に湧いてきた。もし、〈女踊りに気が潜んでいる〉と仮定してみたら、ひょっとして、何か解らしきものが導けるのだろうか。漠然とそんなことを考えて過ごしている間に、次第に「琉球の秘伝武術と琉球舞踊は、きっと気を媒介にしてつながっているに違いない」という確信に近い気持ちが湧いてきた。「気だ、気だ」と閃いたとき、心の片隅を照らす薄い明かりが、だんだん明るくなっていくような気がした。

踊りと舞

琉球舞踊のことをもう少し知るために、踊りと舞の関係について考えてみよう。琉球の古典舞踊には、老人踊り、若衆踊り、女踊り、二才踊り、打ち組み踊りの五つの種類があるということは、先に述べた通りである。そこには「踊り」という表現だけがあり、舞という言葉は出てこない。しかしながら、実際には、琉球舞踊には舞の要素が随所に溢れていることがわかる。

沖縄では、舞も踊りも「舞（モーイ）」と呼ぶため、言葉上の区別はあまり気にしていないようである。しかし、元来、舞踊を舞と踊りに分けて考えたときには、両者には動作の点から、多少の違いがある。すなわち、踊りはリズムに乗った跳躍、手足の動作を主とする語であるのに対し、舞は「まふ」すなわち旋回運動を意味する語になっている（広辞苑）。

日本の世界に誇る芸能「能」の特徴はこの舞にあり、動きも、「すり足」、「構え」、そして「円運動」になっている。すり足とは、かかとを上げずに滑るように歩むことである。この歩みをスムーズに行うために、膝を少し曲げ、重心を落とした姿勢をとる。これが構えになる。身体を動かすというより、身体の要である「中心」で動く。

舞も踊りも人間の身体動作なので、これらが、何らかの武術につながることは、容易に想像される。

しかしながら、日本古来の武術の基本は円運動、すり足、構えにあり、舞と密接な関係があるとされている。

ひるがえって、琉球舞踊はどうであろうか。明確に分けることはできないものの、琉球舞踊の二才踊りは、どちらかというと「踊り」、女踊りは「舞」である。そして雑踊り系は、その中間に位置するように見える。琉球の踊りは、腰から上、特に手の動きは、東南アジア諸国の踊りに似て、下半身の足さばきは、すり足で歩む日本の能に似ていると言われている。このあたりにも、仏教の匂いと、気の匂いが漂ってくる。

神事と武術

踊りの基本動作と祭事

ところで、琉球の古典舞踊は、明治以前の王府時代にほぼ完成を見ているが、この古典女踊りの基本動作は、拝み手、押す手、こねり手であると言われる。琉球舞踊の基本の手であるこれらの所作は、古い歌謡である『おもろさうし』にも記され、「神遊び」と呼ばれるノロの祭祀行事において、すでに見られたという。

この沖縄最古の歌謡集『おもろさうし』は、十二世紀から十七世紀にかけて、村々の各地や、島々で謡われていた歌謡を採取したものである。そのことから考えると、これら三つの基本手は、古来存在した琉球独特の表現法だと言うことができる。

拝み手というのは、手の平を上に向けた状態で、両手を前方に差し出し、大自然の象徴としての神に畏敬の念を表す動作であり、押す手は、五指を、身体の内側に向けてこねってから、手の平を、前方に向けて押し出す仕草である。こねり手は、文字通り何かをこねる所作であるが、指のこねりが比較的小さいものを返し手と言うこともある。琉球舞踊の手としては、他にも、招き手、捨て手、当て、抱き手などなどいろいろあるが、本書では、女踊りの基本の手について、考察していくことにする。

また沖縄の古典舞踊の衣装には、祭祀を司る神女の衣装の名残があり、拝み手、押す手、こねり手には、神女たちが神に祈る動作の原形が残っているともいう。確かに言われてみれば、子供の頃に見た白装束のお婆さんたちが、そのような所作で祈っていたような気がする。もしそうだとすれば、これは神事、琉球舞踊、古来武術の三者の共通点を暗示することになり、琉球舞踊と武術の関係に新たに大きな示唆を与えることになる。「舞踊と武術の頂点に神・自然があるのではないか……」と。

芸能と武術の発祥

先史の古代においては、人間は、自然とどう向き合ったのだろうか。恐らく、生存のために、取り巻く環境の動向には敏感だったと思われる。太陽と雨は青々とした穀物を育て、月の満ち欠けは、波静かな海で、魚や貝が採れる時期を教えてくれる。季節によって、山や野にも甘い果実が実る。一方、地震、雷、それに洪水や津波など、突然、大きな災害が襲ってきて、度肝を抜かれ、狼狽させられる。「これらはすべて誰かの仕業、仕打ちに違いない」と、古代人が考えても不思議ではない。神意識の芽生えである。

知能の発達した人間は、原因が分からない災難に会うと不安が持続してしまい、生活ができなくなる。むしろ、神という訴えることのできる架空の存在を作り出し、そのせいにすることによって、ある意味では、心の安らぎを得ていたのかもしれない。

いずれにしても、時には自分たちを暖かく包み、時には無慈悲に災厄をもたらす自然や、その抽象としての神に対し、畏敬の念を抱いたであろう。人々は揃って願掛けの唱えを行い、唱えで興が高じてくると、自然に体が左右、上下にゆれるように動いてきて、無我の中での祈りの動作となる。唱えそのものは音楽の元になり、体の動きは舞や踊りにつながっていく。そして原始的なものが時代とともに洗練されていき、次第に聴く者、見る者に感動を与えるような芸術性を帯びてくる。

一方、武術の原形とも言うべき外敵への防御法は、大声を出し、手を振り回して追っ払うだけの単純なものから、棒切れなどの道具を使って、撃退する方法へと進化していく。腕力も生活の中では重要なものであり、次第に力を鍛え、脚力、体力を向上させて、相手を打ち負かすものへと発展していく。これらは神前での「力比べ」、「技比べ」など、神聖な奉納行事として、日常生活に取り入れられるようになり、また争い事への対処法も兼ねながら、武術として変化していったのではないかと考えられる。

力比べと気

古代日本においては、格闘や争いはこの「力比べ」で表現されている。例えば、『古事記』の中に、次のような興味深い物語がある（島崎晋著、『面白いほどよくわかる古事記』）。天上国の高天《たかま》の原から、国譲りを促して、地上の葦原《あしはら》の中《なか》つ国に遣わされた建御雷之男《たけみかづちのお》の神が、その国を支配していた大国主の神の息子で力自慢の建御名方《たけみなかた》の神と「力比べ」を行い、やっつけて服従させる。

この力比べの様子は、こうである。まず地上側の建御名方の神が、天上側の建御雷之男の神の腕に、強く掴みかかる。すると、触れるや否や、最初は氷柱《つらら》を掴んでいるように感じ、次いで剣の刃を掴んでいるように感じた。武術を通して、気の威力を知っている者であれば、掴まれた建御雷之男の神が、いわゆる気で応じたのではないか、と思わないだろうか。

次に、建御雷之男の神が、相手の腕を握る番になったら、今度は逆に、腕を葦のように軽く握り潰して、投げ飛ばした、という。これも単に腕力が強かったというだけではなく、気の力でひねり潰したのではないか、と考えることもできる。

物語風に抽象化されてはいるが、古事記には、社会を表す内面の深い意味があると言われ、単純に「気の力の表現だ」とは言い切れない。しかしながら、少なくとも、表現した筆者は、気のような通常の力ではない摩訶不思議な力の存在を、その頃、すでに知っていたのかも知れない。

琉球舞踊と武術

舞踊の基本三手と秘伝武術

古典女踊りと気の関係を疑い始めてからは、研究は、長足の進歩を遂げはじめた。まず、王府時代に編纂された古い歌謡『おもろさうし』にも現れる、琉球舞踊の基本三手の一つ「拝み手」が、いわゆる気の養成と密接に関係していることがわかってきた。驚くことに、「拝み」の意識の深さが、引き出される潜在能力の度合いに、大きく影響することもわかってきたのである。言ってみれば、想いの深さ、すなわち「自分を中心とする空間の広がりの意識」にほぼ比例して、相手への作用はだんだん大きくなっていくようである。脳を含む人間の感覚系の作用だろうか。まったく不思議なことである。

もう一つの基本手である押す手は、拝みの意識を水平方向に持っていき、想念で軽く押し、撫でるように下方に導くことによって、やはり、意識・想念と皮膚感覚の融合された、大きな潜在力を引き出す方法になっている。そして、最後のこねり手は、拝み手や押す手の理合を使いながら、人間の骨

格や構造をうまく利用して、相手を制したり、制されることを防いだりするのに最適である。（写真１）

こうして、布地の糸が緩くほぐれていくように、武術と舞踊の関係が次々と理解できるようになってきた。そして、深層心理と武術の「場の形成」や「事の起こり」との関係など、高度な秘伝武術へとつながっていく要因が、少しずつわかってきたのである。

さらに、もう一つ、古典女踊りが〈気〉に関係しているのではないか、と思わせるものがある。三線の地謡である。〈速く吸って、ゆっくり息を出す〉のは、呼吸法と脳の相互関係から、気を養成するための方法として、よく知られている。あの、宇宙の果てまでも伸びて、遥か遠くに吸い込まれて行きそうな歌謡の呼吸、そして、それに合わせて、天地をゆったりと動かす想念の所作は、芸術性の高さと武術の深さが同一であることを示唆しているように思えてならない。

写真１：古謡集『おもろさうし』に、「こねり」という所作の説明が載っている。祭祀に用いられる手の動きでもあり、昔から現在に至るまで舞踊に多く用いられている。琉球の踊りの特徴だとも言われる。

女踊りと深層意識

まず、比較のしやすい二才踊

写真２：「上り口説」が、琉球から薩摩までの道中の様子を歌っているのに対し、「下り口説」は、薩摩から琉球へ帰る道中を歌ったものである。「上り口説」が扇子を持つのに対し、「下り口説」は杖を持つ。どちらも黒紋服に白黒脚絆姿で勇壮、かつ軽快に踊る。

りと古典女踊りについて、武術的角度から考えてみよう。力強く、かつ軽快に振りを見せていく二才踊りは、日本の踊りの影響を受けながら、琉球風に、武術の手の動作を取り入れていると言われる。足の上げ下げ、手や腕の軽快な所作が、空手の演武を彷彿とさせ、踊りと空手の関係が直感的に理解しやすいため、二才踊りを武の踊りと関連付けることも多い。また、近年創作されている空手踊りも、この二才踊りに近い。（写真２）

一方、清純な若い女性の深い思いや、熟女の情念を内面で表現し、見る者に深い感動を与える女踊りは、動作の派手さより、気持ちの込め方が重要になると言われる。いわゆる「想い」である。ゆったりとした優雅な動きの女踊りと武術の関係は、われわれの日常的感覚ではなかなか理解しがたいものではあるが、想いの奥深いところでつながっていると思えばよい。これを理解するには、力を抜いた柔らかい統一体、わずかな身体動作の背後にある空間の気、脳の支配を脱ぎ捨てて〈場〉と融和す

る深層意識の武術的意味を知らねばならないであろう。（写真３）

雑踊りと秘伝武術

明治以後に創作された雑踊りにも武の手が隠されている。本部御殿手の故上原清吉師は、雑踊りの一つである「浜千鳥」（チジューヤー）の身のこなしと、武術との密接な関係を指摘され、弟子たちにも、浜千鳥を学ぶように指導されていた。浜千鳥には、古典舞踊の拝み手、押す手、こねり手が随所に取り入れられており、本部御殿手の「取手（トゥイティ）」との共通部分があったからである。さらに浜千鳥の自在な動きは、多人数相手を本領とする御殿手に合致していたからでもある。

写真３：「伊野波節」も古典女七踊りの一つで、前段で花笠を手にもち、後段からかぶって踊る。人知れず思い悩む恋、恋する女性の激しさを歌っているが、諸々の所作が見られる。写真は「こねり」から「押す手」に移った所である。

浜千鳥は明治二八年頃、沖縄芝居で創作された雑踊りで、琉球の市川団十郎とも言われた舞踊界の巨匠、玉城盛重師の作と言われている。雑踊りの中の最高傑作とも言われる。琉球絣《かすり》を身につけた娘たちが、中に締めた細紐に着物の一方を深くさし込むウシンチー（押し込み）姿で、旅の哀愁を、押す手、こねり手などのしなやかな手振りと、柔らかい身体の線で表す軽快な踊りである。この踊りの創作者の玉城盛重師が、本部御殿手十一代宗家本部朝勇師と親交が深かったという話も、武術と踊りとのつながりを思い起こさせ、興味深い。

舞の手と術理

では、いくつかの代表的な舞の手と琉球武術の術理との関係について考えてみよう。術理の基本は、

（１）力に対抗する作用力
（２）押さえつける作用力
（３）押す作用力
（４）叩く作用力
（５）投げの作用力

写真４：武術の「こねり手」は、指や手の構造を利用して、相手の指・手から腕・身体を攻めて行く技である。ただし、ただこねても痛いだけの単純な技になる。重要なことは、指先から出る気でこねることである。

である。力ではなく作用力としているのは、通常われわれが使う、筋力としての力と区別するためである。

基本三手の中の一つ「こねり手」と術理の関係を考えてみよう。こねり手は、手関節の形や動きをうまく利用して、相手を押さえたり、投げたりするのに使われる。さらに、掴まれた手を返したり、仕掛けられた技をはずしたりする一段上の技にも利用され、多彩な技を生み出す。こねり手による技の数々は、合気道、本部御殿手などを修業してきた自分にとって、確かに技術的な座標軸上では高度な技であった。御殿手修業の中で見せていただいた、一段上の「取手返し（トゥイティゲーシ）」「裏返し（ウラゲーシ）」技も、この範ちゅうで説明することができた。したがって、こねり手を研究している時点では、これが琉球武術と舞踊の主要な関係だと、納得していた時期もあった。（写真４）

しかしながら、まだまだ未熟であり、神髄はさらに深かった。舞踊の拝み手、押す手の実体が「想い」の深さと関係があり、この想いの深さは深層意識に作用して、内面の力や気の場の発揚につながることから、まったく異なる座標軸上での舞踊と武術の関係が見えてきたのである。この発見によって、上記五つの術理の内部深くに共通に横たわる柔らかい「意識の術理」が存在し、これが琉球秘伝武術の極意になることが分かってきた。

拝み手の威力

拝み手と琉球古手

ここでは、明治以前の王府時代までにすでに琉球に存在した武術のことを琉球古手（クーディィ）と呼ぶことにしよう。ただし、正確な文献等が無いため、琉球舞踊の所作を鍵として、これらからひも解かれる琉球の秘伝武術を古手だと定義しておく。すなわち、「中心を意識した柔らかな統一体を成し、無意識層から湧き出る内発力を基本に、投げ、極め、突き、蹴りなどで相手を無力化あるいは撃破する武術」である。

拝み手は、古来、天地を支配するものへの祈りや、敬意を表す原始的な動作であるが、拝み方にしても、次の二通りがあるので、古手では、一方を拝み手、他方を御願手（ウガンディィ）として区別する。

拝み手：外なる大宇宙への拝み。すなわち、自分の外側に存在する宇宙や大自然、あるいは、その心象としての神への祈りや敬意を表す動作。
御願手：内なる小宇宙への拝みであり、自分に内在する小宇宙や神に向けて拝む動作。

拝み手は、両手を上向きに広げて、そのまま頭の所まで掲げる動作であり、御願手は、合掌のように両手を胸の前にもっていき、手の平を合わせるものである。（写真５）

拝み手とチーアギ（気揚げ）

両手をしっかりと強く握られたときに、相手の体制を崩して投げを打つにはどうしたらいいのだろうか。普段我々は、経験上、握られた箇所つまり力の作用点を動かそうとする。しかしながら、これはいかにも効率の悪いやり方である。武術の心得のある人なら、作用点ではなく相手の力の元である肘や肩を攻め、身体を動かす意識で体制を崩すであろう。

これを「てこの原理」として教える武術家もいるが、それだけではない。あまり知られてないが、別の箇所から力を働かせることによる相手の脳感覚への作用も大きいのである。しかしながら、これもごく普通の技法の域である。秘伝武術になると、肘、肩、身体など特定の身体の部位を意識しない。

ここでは、両手首を強く押さえつけられたときの力に対抗する作用力、すなわち古手の秘伝武術

写真5：雑踊りの一つである「加那ヨー」に見られる「拝み手」の所作

「チーアギ（気揚げ）」と密接な関係のある拝み手について述べる。
拝み手で意識すべき大事なことは、「繊細で壊れ易い大事な供え物を、素直な心でうやうやしく天の神様に捧げる」ことである。また、捧げる手も周りを「白い雲」（琉球古手でいう雲気）に包まれているとイメージして、この雲に包まれた手で捧げると神様に届きやすい。大切な物を尊い神仏に捧げるという気持ちにより、腕の筋肉運動が脳（有意識）の直接制御から解放され、また作用点を包む気の雲のイメージによって相手の皮膚感覚に直接作用することができ、楽にチーアギができるようになる。（写真6）
不思議なことには、自分を中心とした大自然の球体を大きく遠くまで意識でき、遠くに存在する神に捧げようと思うほど、小さい力で相手に作用できることである。また、古手の雲気を大きくして行っても小さな力で対応できる。ただ、この球体は実感として認識できる大きさでなければならず、この実感を育てるために瞑想法などが利用されたりする。
拝み手による「チーアギ」は、「火事場の馬鹿力」のように潜在的腕力を発揮しているようにも見えるが、指の力程度の小さな力でも相手の腕の力に対抗できたりするので、必ずしも筋力ではない。遥か遠方の高い所にいる神様に捧げるという意識は、相手の皮膚感覚に微妙な刺激を与え、その接し方が相手の脳の伝達制御能力に何らかの影響を与えている可能性もある。

写真６：「拝み手」からの投げ技

揚げる意識と武術

武術では、押さえつけてくる力に対抗することは基本中の基本である。日本古来の武術の流れを汲む大東流合気柔術でも「合気揚げ」という「揚げる作用」の修得が基本だと言われている。合気揚げの修練は、お互いに正座して、相手に思いっきり両手を握って押さえさせ、これを簡単に揚げられるように訓練する。

武術上は、大きな力には逆らわずに〈流す〉という技術も重要であるが、その場合でも物理的に流すのは武術の入り口である。流すも抗するも意識から来る同じ術にならなければ、秘伝武術にはならない。

押さえられた手を揚げようとしたら、皮膚感覚を通して相手の脳神経がこれを察知し、さらに力を加えてくる。力と力が衝突して、当然のことながら腕力のあるほうが勝つ。これが一般的なパターンである。次に、有意識の支配する筋力を脱ぎ去って、中心の意識ができる人は、従来の力以上の腕力で対応することができる。無意識力の活用である。

さらに、拝み手による琉球古手のチーアギが可能になると、相手の脳や神経系に「これから揚げる」という情報を与えずに揚げてしまうことが可能になる。このチーアギは、他の古手の術につながる重要な秘伝技の一つである。自分と関わる大自然や神をなるべく大きく意識して、素直な心で拝む。これが相手との統一体を作り出し、統一体から繰り出す技は、相手に大きな作用を及ぼすことになる。

そして、この拝み手の凄さは、押さえつけられた手をチーアギできるようになると、最終的には、手の平が上に向こうと横に向こうと、押さえつけられた箇所がどこであろうと、〈拝み手の意識〉で対応できることにある。

押す手の重要性

柔の動きと気

琉球舞踊の基本動作と言われる押す手やこねり手のような柔らかな動きは、チベット仏教修業などで気を養成するための所作とよく似ていることから、女踊りの手が気と何らかの関係があるのではないか、と類推することもできる。〈気〉は、『広辞苑』によれば、「天地間を満たし、宇宙を構成する基本」、「生命の原動力となる勢い」であり、また「人の心の動き、状態、働きを包括的に表すもの」であるから、意味は広い。

古来より、中国では身体の仕組みや病気との因果関係、日本では想いや意識などとの関係でよく使われるが、武術修養の過程では、どちらの国でも深く研究され、本質的なものとして重用視されてきたものである。中国の太極拳のような内家拳では、気を体内にめぐらせて柔《じゅう》から大きな力を得る「気功」が術の中心を成し、日本古来の柔術などでも、いわゆる「合気」を重んじ、気を一体化させて相手を制する技を探求してきた。

深層心理と気

ここで重要なことがある。一概に気と言っても、普通の人には漠然とした概念であり、日常の感覚では理解しがたいものである。日常的ではない現象や行為は、すべて気のせいにする風潮もある。辞書の定義にも見られるように、その解釈幅も極めて広い。

秘伝武術を探求してきて、武術的観点から少し整理できることは、気には、どうも

（1）表層意識自身の強い念によるもの
（2）表層意識による個人的無意識の創発によるもの
（3）表層意識による集合的無意識の創発によるもの

があるようだということである。集合的無意識とは、ドイツの分析心理学者カール・グスタフ・ユングが提唱した「個人の経験を超えた、人間が先天的に有する深層心理」のことである。

譬えて言うならば、（1）の表層意識で培われる気は、スポーツや格闘技などで見られるように、有意識（脳）による力の発揚のもとになっている。（2）の無意識による気は、個人の肉体がもって

いる潜在能力を引き出すものであり、（３）は知らずに相手とくっついてしまったり、意識と関係なく動きの同期が取られたりする、融和の気に関係しているように思われる。ただし、明確ではなく、現時点では推量の域を出ない。

押す手の役割

「押す手」は、拝み手からこねりに移り、手の平を前に押し出して、なでるように下ろす琉球舞踊の所作である。こねりの螺旋回転から「すーっ」と手が天に向かって伸びて、何事もなかったように手が降りる、何とも優雅で神秘的な軌跡を描く所作である。

舞踊の中でこの押す手が出ると、高まった気が「ふーっ」と一点に収まるような印象を持つ。押す手の重要性は、拝み部分で気の場に入り、こねりで自己の意識や気を確認し、押す手で自己の気を自然の中に押し出した後に、空間にこの気を柔らかく撫で込むようにして手を下げる、という一連の所作の中で、自分の気を自分以外の空間と一体化させるところにある。（写真７）

武術的観点から見ると、押す手は、触れるという要因と押すという要因の両方を含んでいる。相手への触れ方、押さえ方（ウサーシ）や倒し方（トーシー）で重要な役割を果たすものである。この場合にも、ただ接点を押して撫でても武術にならない。ただ単に物理的に筋力で突き飛ばすのであれば、力の大小はあるものの（１）の気で対応可能であろう。

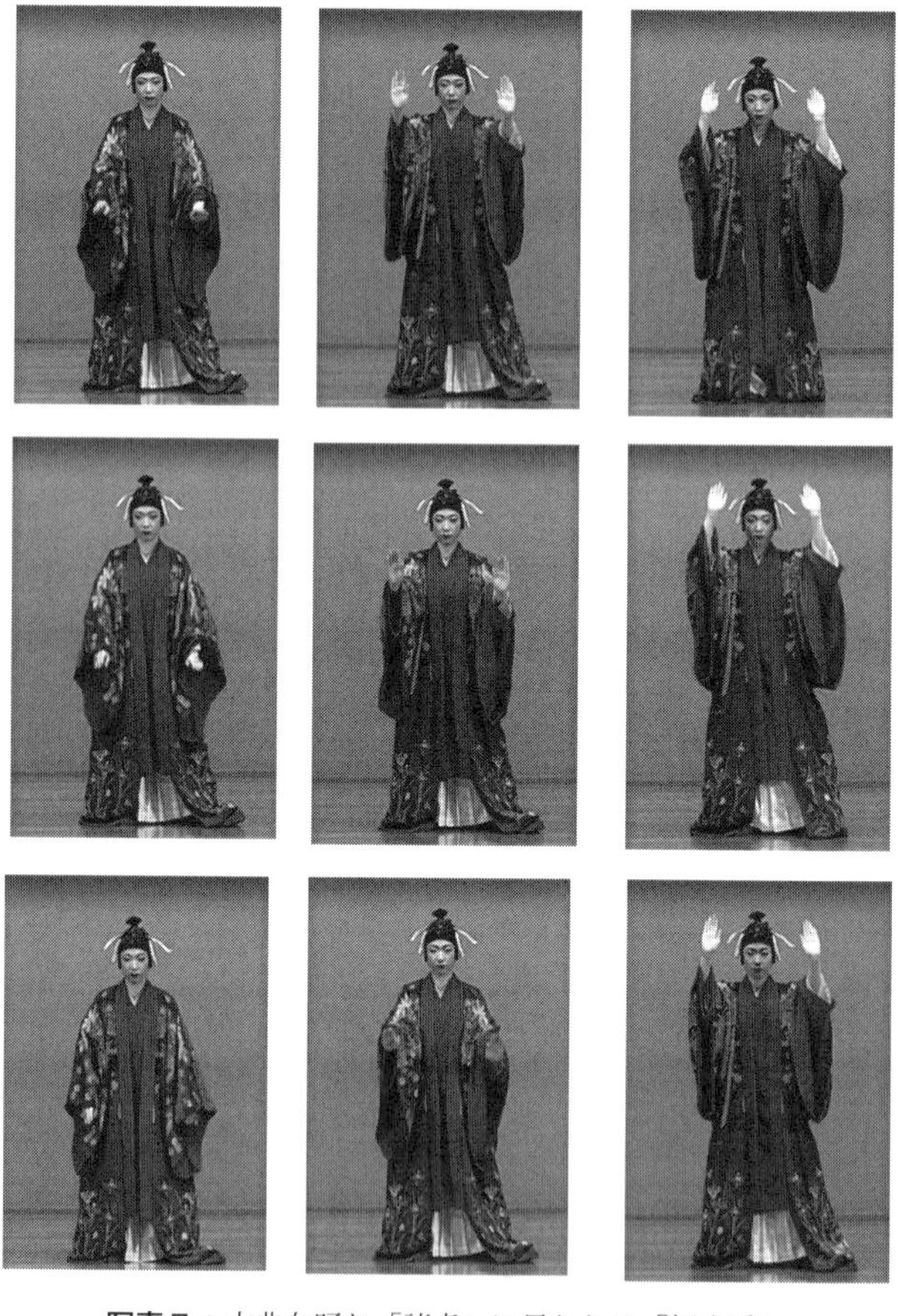

写真７：古典女踊り「諸屯」に見られる「押す手」

しかしながら、秘伝武術のように、相手の無意識に作用して倒したいなら、拝み手と同様に意識の空間を広げ、（３）の気でもって、想念空間のなかで触れたり押したりして倒さなければならない。

こねり手は汎用的

感情表現としてのこねり

こねり手は、「琉球舞踊の特徴は〈こねり手〉」と言われるぐらいに代表的なものである。腕全体の動きと調和させて、指と手の平で物をこねるような仕草を行う。

このこねり手の動きは、どこから来るのだろうか。二足歩行の霊長類を考えてみよう。猿やゴリラなどの霊長類は、嬉しさや怒りなどの感情を表現するとき、身体をゆすって両腕を上下させる。

踊りに見られる手の上下運動は、基本的には感情を表現する原始的な所作であり、世界の多くの踊りが、身体の動きと連動した手の上下運動もしくはその変形になっている。例えば「エーライやっちゃ、エーライやっちゃ」の阿波踊りは、掲げた両腕の上下の動きにひねり加え、両足でリズムをとって直接的にうまく気持ちを表現する。

琉球舞踊のこねり手は、お祝いの席で、嬉しさが臨界に達したころ、一人、二人と誘い合って、みんなで思い思いに乱舞するカチャーシー（かき混ぜ）と呼ばれる踊りにも多く見られる。このカチャーシーでのこねりは、阿波踊りの、両腕をひねる表現より、少し悠長であり、高揚した感情を押さえ気味にして、余韻を楽しむように見える。

琉球舞踊は、所作にこのこねりを取り入れたため、拝み手、押す手、招き手、当てなどとの組み合わせによって、実に豊かな舞踊表現ができるようになった。このように、こねり手は琉球舞踊の感情表現の要になっていると言える。（写真８）

こねりの所作と武術

このこねり手を武術的側面から考えてみよう。〈こねり〉は手の関節、指の関節を滑らかにして、うまく使わないとできない。逆に言えば、滑らかな手、指関節の動きこそが、武術にとっても重要なのである。これを使えば、前方から掴まれても、後ろから掴まれても、うまく外して投げにもっていくことができる。相手も、掴むために手の関節を利用しているので、これを外すには、身体の構造上もこねりが有効なのである。

したがって、極められた手や腕から、逆に相手に技をかける返し技にも多用される。こねりの良さは、単に動作だけではない。こねる指先の向きを、自分の中心である胆中丹田や臍下丹田に向ければ、全身の力を利用することができ、また、相手の丹田に向ければ相手の中心を攻めることができる。実

写真８：「加那ヨー」に見られる「こねり手」の所作

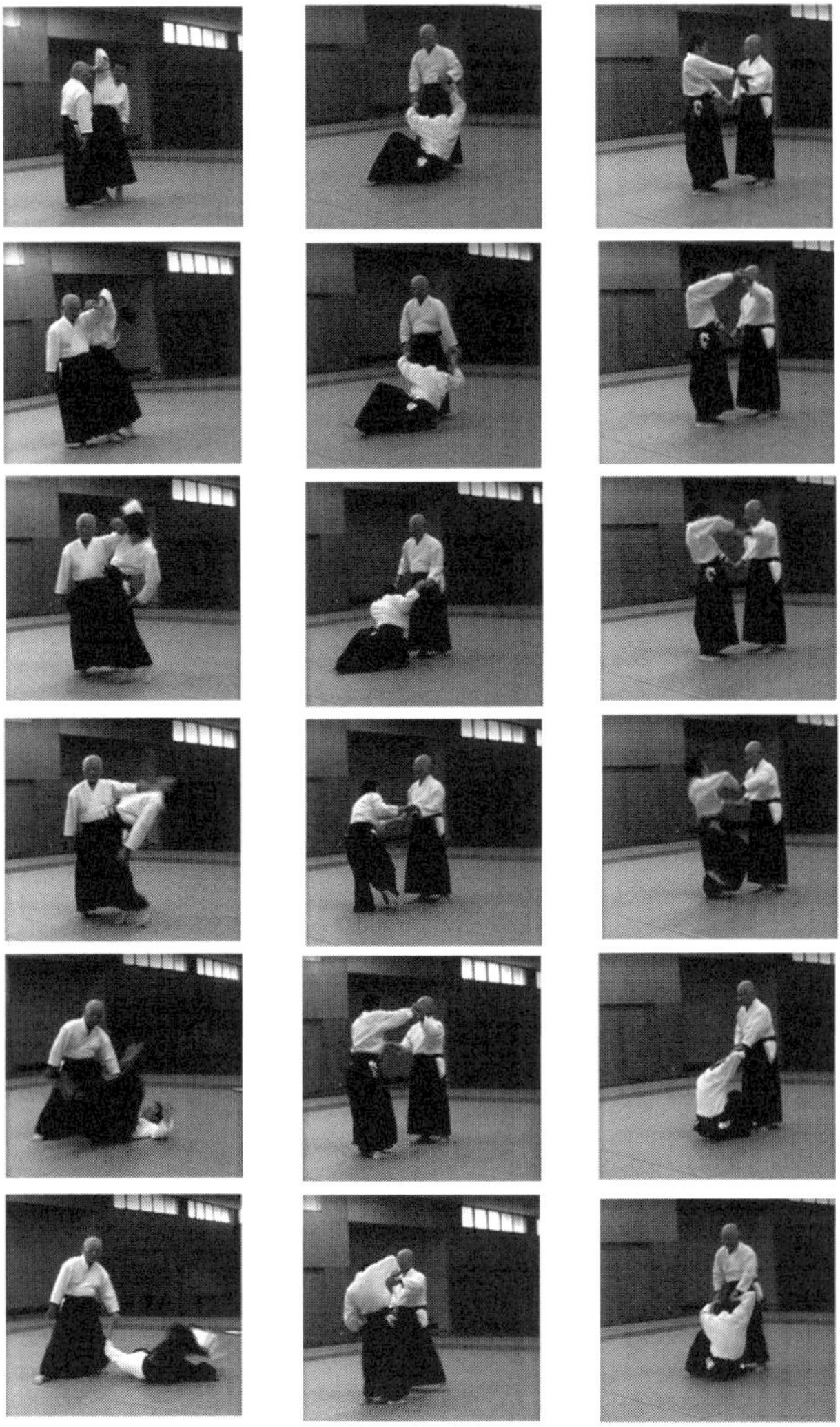

写真９：「こねり手」によって制する技

に汎用的なのである。（写真9）

こねり手の強さ

大学を卒業して間もなく、本部御殿手の上原清吉師から、取手（トゥイティ）、取手返しの手ほどきを受ける機会をいただいたことがある。当時、県内では合気道という武術は、ほとんど知られていなかったし、名称は知っていても、「大声で気合を出して人を倒すもの」と誤解している人たちも多かった。私が合気道の有段者だと知ると、「弟子達にワザをかけてみるように」と言われ、ひとしきりワザを眺めておられたが、見終わると、「いい武術を学んでいますね」と言われた。空手家の言葉としては、意外に思ったことを覚えている。

当時、先生は七〇歳を超えておられたが、背筋をぴんと伸ばし、竹のようなしなやかさを感じさせる達人然としたおじいさん、という印象だった。今度は、「何でもよいから、合気道の技を私にかけてみなさい」とおっしゃる。私は自分が得意とし多くの人に通用していた、腕抑え、小手ひねり、小手回しなどの技で挑んだ。しかし、ことごとく技が封じられ、逆に返されて技を掛けられてしまった。先生は、「私が返した技は『取手返し』ですよ」と笑いながらおっしゃった。合気道にも返し技はあるが、自分が知っているものとは異質のものであった。今から思えば、あの技はすべてこねり手だったのである。

第2章　琉球の武術と気

琉球に気の概念は存在したか

松村宗棍と条件反射

これまで、頻繁に〈気〉という言葉を使ってきたが、そもそも琉球に、この気という概念があったのだろうか、という疑問が湧いてくる。琉球の言葉には、日本語に多用されている「気」のつく言葉がほとんど無く、空手や古武術などの指導でも、とんと聞かないからである。しかしながら、琉球には、この気のにおいが充満している。

十九世紀に活躍し、武士松村の名で武名高い松村宗棍《そうこん》にまつわるエピソード一題（岩井虎伯著、『本部朝基と琉球カラテ』）から考えてみる。松村宗棍は二十代で猛牛と対決させられたとき、動物の本能、条件反射を見事に利用し、大勢の見物人の前で暴れ牛を撃退している。

話はこうである。猛牛との対決という無理難題を押しつけられた宗棍は、一計を案じる。すなわち、対決まで十日の猶予をもらい、その間、毎日、毎日、つながれた猛牛を同じ服装、同じこん棒、同じ気合でめった打ちにした。最初は鼻息を鳴らしていきり立っていた牛も、しまいには条件反射で、宗棍が現れて気合を発するだけで牛舎の隅に尻込みするようになった。対決の日の結果は言うまでもない。

条件反射が、すなわち気であるとは言えないが、人間や動物の内面に存在する原動力への意識は、気の意識へとつながるものである。

次のエピソードは、まさに気を用いた武術そのものである。

想念の気

宗棍が七〇歳の齢に達したころ、すなわち明治の初め、琉球の王府体制がガラガラと音を立てて崩れていく頃の話である。唐手と棒術の達人だという三十代の男が、宗棍に試合を申し込んだ。男は、いくら宗棍が武名が高いといっても、老人であるし、勝つ自信があった。もし宗棍が挑戦を断れば、自分は武士松村でさえも避ける強者だと、世間に自慢できる。そういう狙いがあった。

ところが、大方の予想に反して、宗棍はそれに応じた。試合になったとき、男は得意の棒を構えて、戦闘体勢をとったが、宗棍は、ゆったりと構えも無く、素手で相手に向き合った。どのくらいだろうか。二人とも、しばらく対峙したまま動こうとしなかった。しばらくすると、男は顔面が蒼白になり、身体がガクガクと震えだして手足を動かすことができなくなってしまった。地面にへたり込み、号泣して宗棍に許しを乞うたという。

話に多少の誇張はあると思われるが、男は、宗棍の身体から発せられる想念の気に、どう打ち込んでいっても返される、あるいは何らかの鬼気迫るものを感じて圧倒され、とても勝ち目はないと悟ったのである。

武と舞は表裏一体

この二つのエピソードには、突き蹴りなど、肉体的なすごさを示しているものはない。宗棍が人間の意識、無意識の力、いわゆる〈気〉を自在に操る、意識の深い武士だったと類推される逸話である。松村宗棍は、薩摩で示現流を学び、中国でも武術を学んでいたと言われるので、大和風の気、中国風の気の内容に関して学ぶ機会は多々あったのではないだろうか。

上記は一つの例にすぎないが、実際に空手の達人の中には、空手と禅の関係を説かれる方もおられる。禅と武術の関係は気を媒介にしてつながるし、また空手に見られるいくつかの型も気を養成するものになっている。琉球武術における重要な要素は「がまく(腰周り)」「むちみ(餅身)」「ちんくち」「うむい(想い)」だと言われる。これらは、まぎれもなく気を創発させる基本要因なのである。特に「うむい」は潜在力の高揚、相手との融和に欠かせない、重要なものである。琉球舞踊にも同じことがいえる。古典女踊りでは「うむい」が踊りの深遠な美しさを表現し、見る者に湧き出るような感動を与える。琉球という同地域で育てられ、完成した舞踊と武術は表裏一体なのである。実に興味深いことである。

三戦の型と気

空手に三戦（サンチン）という型がある。気を養成するのに、すぐれた効果を持つ型、として知られている。呼吸の意識によって、筋力や体内をめぐる気を、自在に制御する訓練を行うものである。動きとしては、中段正拳突きと受け、そして独特の滑らかな足捌きに特徴がある。

どうして中段なのだろうか。これは、丹田の意識と密接な関係がある。確かに、上段突きでは胆中丹田の意識には作用できても、臍下丹田までは意識しにくい。また、下段突きでは、手の往復動作が胆中丹田を通り過ぎてしまい、うまく丹田全体を意識できない。中段突きだけが、人間の身体の構造上、バランスよくフィットして、丹田全体の意識ができる。そして丹田の意識ができたとき、肩が下がって全身が乗った突き、すなわち〈ちんくち〉の効いた重くて強い突きの感覚も体得できるようになる。

三戦では、呼吸と身体の気の巡りを一体化させるために、ゆっくりと息を吐いていく。そのなめらか、かつ伸びる呼吸によって体内を気が通っていく。中段突きの形にはなっているものの、目的は必ずしも相手を撃破したり、突き倒したりするものではなさそうである。拳を前方にゆっくり出す、と言った方がいいのかも知れない。中段受けのものも、受けというより気の巡りの節目、呼吸の転換を意味するものであろう。三戦は、禅宗における瞑想法「立禅」を母体とする、という説もある。それだけ、気の養成と密接な関係があるということである。

本部御殿手にも、三戦に似たような型「元手」というのがある。閉手の型と開手の型があるが、私が見るところ、三戦と同様に気を養成するのに適した型である。

「ちんくち」「むちみ」と気

ちんくちと気

ちんくちは空手において極めて重要な概念である。ちんくちを効かした突きは身体の内部に響いて大きなダメージを与え、ちんくちを効かした掴みや投げはカミソリのように鋭く、また重い。ちんくちの解釈もいろいろあるが、『沖縄空手古武道事典』によれば、「曲直柔軟、伸縮自在な筋肉の動き」とある。

私自身の解釈では、物理的重心である臍下丹田による全筋肉の自在な制御、そして、これによって生成されたパワーがちんくちだと考えている。身体の重心を意識することによって、手足、肩などの各部分の力は全体の助けを借りて強力になる。この助けを借りるための条件が、柔軟な筋肉と骨格が織りなすむちみであり、中心移動を可能にするがまく（腰）の微妙な動きである。

恐らく中国の内家拳に見られる寸勁としての突きも、ちんくちの作用と同種のものであり、生物としての人間がもつ内面エネルギーが、顕在化したものではないだろうか。

気との関係はどうだろうか。気には大きく分けて、内面の潜在力が引き出された〈剛の気〉と脳の精神作用によって身体をコントロールする〈想の気〉があると考えられる。

このように分類できると仮定すれば、ちんくちは強い力を出す剛の気である。と言っても、筋肉を堅くしては気は出ない。丹田の意識だけを持ち、むちみになることが重要である。譬えは悪いが、クモヒトデを連想してみるとよい。クモヒトデの手の動きを、呼吸に合わせて動いていると解釈し、ヒトデの中心を丹田に置き換えてこの動きを真似てみる。これだけでも結構、剛の気の養成につながるものである。

むちみと気

それでは、むちみは気とどういう関係にあるのだろうか。『沖縄空手古武道事典』によれば、むちみは「しなやかな柳の枝のごとく、弾力性や強靭性に富む体の動き」とある。

気との関係では、よく練られると強力な粘りが出てきて、引っ張ったら長く伸びる餅を思い浮かべてもらったらいいかと思う。力強い剛の気を養うにも、このむちみになれるかどうかがキーになるが、さらに実体のない想の気を出すにもむちみが重要になる。

想の気の原点は〈想う〉ことであり、想えるかどうかがポイントになる。想いを実践するには、身体のリラックスが必要であることは、瞑想法でもよく知られている通りである。リラックスした状態で、ある姿勢を保ちながら、コシのある柔らかい餅になった気分で動くのがむちみである。

譬えれば、餅粉の状態がリラックス状態であり、餅粉に水を加えていくのが想いの深さであり、練るのが呼吸だと思えば、わかりやすいだろうか。これによってむちみが出来上がる。

スポーツでも踊りでも、むちみは重要だと思われるが、特に深い想いを表現する琉球古典舞踊には、このむちみは欠かせないであろう。琉球舞踊と気、そして秘伝武術との接点がここにも見られる。

しなやかな統一体の威力とは

柔が剛を制すには

中心で身体統一を行うと、どんな効果があるのだろうか。また、その威力はどんなものであろうか。一般に言われる「上柔下剛」の原理により、上半身からすべての力を抜いて柔らかく保ち、下腹部に力を入れてみる。確かにこれによっても、従来の力と比べ、ある程度の力の増幅が見込める。

しかし、最も重要なことは、下腹の奥にある身体の中心だけを意識して、あとはすべての力を抜くことである。身体全体を柔らかく保つことにより、想いによって自分の潜在力を高め、大きな力を引き出せるので、「柔能克剛（ロウノンクーガン）」（柔が剛を制す）を実践することができるのである。

「全身から力を抜く」ということは、心身ともにリラックスする、ということである。リラックスすると、外界からの刺激に敏感な脳の緊張がほぐれることになる。そこで、生物としての中心である丹田を意識して、その状態から力を出せば、この力は全身の総合力となり、強いのである。

もう一つ、柔で剛を制するための重要な事項がある。それは、相手の剛の中心である筋力と自分の筋力をまともにぶつけ合ってはいけない、ということである。筋力との勝負ではなく、相手の筋力の元と勝負するのである。

自由な腰の動き

まず、つま先立ちでしなやかな統一体を作ってみよう。この姿勢を取ると、どの方向にも自在に移動したり蹴ったりすることができることに気づく。次に、そのままかかとを下ろし、ついでに膝関節を少し曲げて、がまく（腰）の動きが自由になるように構えてみる。これが相手と気が通じ易くなる体勢として知っている方もおられよう。この状態での〈自由な腰の動き〉というのは、攻撃してくる相手の攻撃態勢を、事前に崩壊させることができる点で重要である。（写真10）

人は、相手の顔面を狙って手を出す場合でも、無意識

写真 10：古手の構え

下で身体の中心を意識しているものである。したがって、攻撃相手にこの中心の移動があると、たとえ顔面の位置が動かなくても、自分の脳の制御態勢が狂い、攻撃しにくくなる。すなわち、身体の中心がわずかに意識によって移動するだけで、相手から空になることができるのである。古手の秘伝技でもあるが、想の気で相手の攻撃する気を翻弄し、倒したり投げたりする時に威力を発揮する。

また、この姿勢で立つと身体の重心が下がるため、他人が持ち上げようと思ってもかなり重く感じるものである。これに、さらに後に述べる芭蕉剥ぎの理による意識を加えると、ますます重くなる。

例えば、手や腕をむんずと掴まれたとしてみよう。この場合にも、身体がむちみで柔軟なため、相手の気と合わせることができ、一心同体となる意識を持つことによって、軽く返したり投げたりすることができるようになる。逆に、こちらが相手の腕を握ると、ずっしりとした威圧感を与えることができる。また、この状態から突きを行うと、軽い突きでも、相手にとっては、内部にずしりと響く、重い突きになる。

統一体からほとばしる気

力を抜く

「全身から力を抜けば、大きな潜在力を引き出せる」という逆説的なことが起こるのは、一見、不可思議に思う。「全身の力を抜け」と言うと、練習生から、たびたび次のような質問を受ける。「先生、すべての力を抜いたら、へなへなとなって、立ってもおれないじゃないですか」。確かに、すべての筋力が抜けた状態はそうなる。意味するところは、座った状態からでも、立った状態からでも、その状態を保ちながら全身の力を抜いていくところにある。

古手の練習者に、この弛緩を教えるのが一苦労で、武術の初心者どころか、スポーツや武術にかなりの経験がある人でも、なかなか理解できない。いや、逆に通常の筋力で活躍してきた人ほど、無意識下で「そんなことはあり得ない」と思っているので、時間がかかるのである。

なぜだろうか。話は簡単である。我々は、生まれてこの方、力を抜いて力仕事をした経験が無いからである。すなわち、力を出すには筋力を強く働かせるという脳意識に慣れてきたからに他ならない。「力を抜いて力が出るはずはない」という意識がしっかり脳に焼きついていて、なかなか抜け出せないのである。

過保護な脳意識

「息を吐いてから手や身体を動かす」ことも、同様になかなか理解してくれない。なぜなら、これまでの生活で経験し学んできたことは、「筋肉運動をする前には大きく息を吸って止め、それから動作を始めれば大きな力が出せる」ことであった。「運動の元になる酸素を、たくさん吸ってから動く」という意味もあろう。

しかしながら、無意識力の発揚によって大きな力を得ることからすれば、これは反対なのである。我々の脳は生物としての自己保護作用からかなりの安全サイドで指令を出す。すなわち能力の四分の一ぐらいの重さの物を持つにも、「危ないから、もうやめとけ、やめとけ」と指令を出す。この過保護な潜在的意識に対して、意識層の脳が「もう少し頑張れ」と信号を出しても無駄なのである。

それでは、どうすればよいか。答えは、人間の潜在的過保護意識を経由しないで、力を出せばいい、ということになる。どうするかというと、「力を出すのではない」という偽の情報を与えて、こっそり力を出す潜在層に働きかけるのである。これによって、人間が動物として有する力、発信力を引き出すこともできる。

心とわざ

武道やスポーツの経験者なら、よく、「肩から力を抜け」とか「リラックス、リラックス」とか言われたことがあろう。力みが居つきを引き起こし、潜在的に持っている運動能力や筋力の発揮を阻害するからである。

これまで述べてきた「力の抜き」は、それを究極の身体レベルにまで拡張したものと思えばよい。これによって〈剛の気〉や〈想の気〉が身体からほとばしり出てくる。訓練によって究極に近くなると、作用力に第三者への伝搬性と意識でくっついてしまう粘性も備わってくるから、また不思議なことである。

これらの事実は、日本古来の武術や中国の太極拳のような内家拳でも知られているようである。

これまでの研究によって解明された琉球古手の奥義は、次の「心とわざ」の四項目の意味を理解し、実践できたときに初めて体得できるものである。

一　無心無考によってしなやかな統一体を成し、内なる体宇宙の力を創出するべし

二　柔体を極《きわ》め、汝の力を抜いて空と成し、空隙の柔らかい力を発揚するべし

三　攻の意識は汝の力を減へと導き、和の意識は汝の力を増へと導く。柔の心で剛を捉えるべし

四　無になって相手の意識の発生を感知するべし

一は、全身の力を抜いて、意識だけを下丹田に移すことによって、身体の統一体を形成し、そこに全宇宙の相似である体宇宙の力の源泉をつくり、すべての剛・柔の力をここで造ることを述べている。「まず、すべての筋肉にまつわる力を抜いて自然に任せ、脳の支配から筋力を開放せよ。そして、体宇宙の重心付近にある中心を認識せよ。それができれば、そこからすべての動作を起こせ」ということになる。（写真11）

二は、さらに柔体を極めていき、相手から動きを気づかれない「空」の意識までもっていき、相手の力の作用点と自分の体のわずかな空隙を意識できると、空隙が小さければ小さいほど相手に大きな力を作用させることができることを述べている。「接触があれば、そこに意識の空隙をつくれ。その空隙に柔らかい意識を作用させよ」という教えになる。

三は、相手を攻める、やっつけるという意識は「脳（意識）―筋力関係」の最たるものであり、これでは潜在能力が抑えられ、従来の脳に支配された力しか出せないが、相手と自分が空間を介して同一化することができれば、力の増幅につながることを意味している。また、剛の力も柔からの変形でなければ、それなりの威力しか出ないということである。

写真 11：身体の統一体からの投げ

四は、実際に触れ合わなくても、自分と相手のいる空間を認識して場を形成し、その場の変化で相手の動きを把握し、出てくる意識を押さえる、ということを意味する。

第3章　本部御殿手という武術

本部御殿手とはどんな武術か

秘伝武術研究のきっかけ

私が琉球秘伝武術の研究を始めたきっかけは、上原清吉師の「本部御殿手」という、これまで見たことも聞いたこともなかった武術を約四〇年前に知ったからである。その前から「空手と琉球舞踊の関係」は巷に聞いていたが、せいぜい、「勇壮な二才踊りと空手の雰囲気が似ているからそう言うのだろう」と思い、深くは考えなかった。いや、「まあ、そう主張する人もいる」程度の認識でしかなかった。御殿手との巡り会いは、寝ていた目を覚まさせるのに強いインパクトを与えたが、それは、自分が気を主体とする合気道という武術を経験し、知っていたからかもしれない。

いずれにしても、本部御殿手は琉球の秘伝武術を語る上で欠かせないので、この武術について少し紹介したいと思う。

門外不出の武術

「本部御殿手」は「本部御殿」に代々伝わる武術である。琉球国尚質王（即位一六四八年）の第六子である尚弘信本部王子朝平を元祖とし、代々本部家の長男だけに伝えられてきた。門外不出の技として密かに伝えられ、たとえ自分の子供であっても一子相伝で、長男だけにしか教えなかったと言われている。沖縄の廃藩置県後は按司方御前と呼ばれた本部朝勇師だけが知っていたという。朝勇師の弟（三男）の朝基師は幼い頃から武術に興味をもっていたが、御殿手を教えてもらえなかったため、兄の稽古場を盗み見しながら、独力で「手」を研究して技を深めていったというエピソードがある。

本部朝基師と言えば猿（あるいは三良）御前の愛称で知られた空手の達人であり、京都で興行試合に飛び入りで参加して、ロシア人ボクサーを拳一撃で倒した話は有名である。

廃藩置県までは、藩の多くが独自の武技を研究し、お留技、殿中技として秘密にしていたが、その後武士階級の庶民化により、急速に一般化していく。沖縄でも例外ではなく、それまで武士階級のものであった「手」（空手）が広く庶民に流布していったのである。

合気道の源流とも言われる大東流柔術が、会津藩門外不出の秘伝武術として伝えられたということと、御殿手が王家のお留技であったというのも共通していて面白い。前者は、廃藩置県後、武田惣角師という小躯の豪傑によって大衆化され、後者は本部朝勇師、上原清吉師という琉球武術稀代の雄によって一般化された、と言えるのではないだろうか。

御殿手の構成

本部家に伝わっていた武術は、もろもろの事情が重なって、大正期に十一代朝勇師から本部家以外の一般人であった上原清吉師に伝授されている。上原師は受け継いだ本部家の「手」を、修業者が理解しやすいように、難易度ごとに次の三つに分類した。すなわち、突き、蹴りを主体とした部分を「本部流空手」、関節技、固め技、投げなどの「取手」、そして、その返し技「取手返し（トゥイティゲーシ）」を主とした武術を「本部御殿手」、さらに技の上に技をかけて柔らかく制し、手加減次第で無抵抗にしたり、必殺の技にしたりする奥義技を「王家秘伝武術」としたのである。したがって、「御殿手」は、突き蹴りの「元手（ムトゥディ）」を基本として、「取手」、「取手返し」その上の「裏返し」、「裏裏返し」と幾重にも層を成して高度化し、最終的に「舞の手」になると言われている。

本部朝勇師が極意相伝として残したものの一つに次の歌がある。

按司方の舞方ただ思て見るな、技に技すゆる奥手やりば

内容は、『上原清吉琉球王家秘伝武術極意相伝55周年記念「武の舞」独演会』の解説書によれば、「首

里の按司たちが踊っているのを簡単に見てはいけないぞ。それには技の上に技が重なって尽きることを知らぬほどの武の秘伝が秘められているのだから」という意味になる。

御殿手の基本技

実戦での構えと突き

御殿手は、まず突きや蹴りの方法から普通の空手とは異なる。竹のように身体をしなやかに保ち、コマのように回転に対して安定した姿勢をとる。

手の構えは、攻撃手にもう一方の手を添えた夫婦手（ミートゥディ）と呼ばれる構えである。足はつま先で両足を揃えるようにして立つ。いわば、足高・夫婦手（ヒサダーカー・ミートゥディ）の構えになっている。そこから四方八方に自在に突きと蹴りを繰り出す。相手の攻撃に対しては、受けと攻撃が同時になる交叉攻撃（アジマー突き）を行う。（写真12）

突き方は、中国の内家拳にみられる寸勁のように、全身の気を拳骨（閉手）に集め、ぶつけるように当てる。これによって骨格の内部にある内蔵にまで打撃を与えることができる。攻撃直後の瞬間に受けの手になるが、これは次の攻撃の構えにもなっている。夫婦手の素晴らしいところである。足は揃えたつま先立ちのため、竹のようにしなやかで、かつ瞬時にどの方向にでも動ける。また、着地したとたんに次の蹴りが出せるため、これも合理的で極めて実戦性が高いと言える。

また、足高・夫婦手の構えからそのまま手を開き、掌や指を使うこともある。すなわち、直接頭部、腹部の身体内部にダメージを与えるような、開手による突きである。このような突きは、さまざまな指の形をつくり、それをうまく利用して人間の急所を攻める。

これらは攻めるだけでなく、接近した相手の投げ技を防ぐにも有効である。

元手の型

本部御殿の「手」の中で、本部流空手と命名された武術には、いくつか型がある。特に重要なのは、

写真 12：夫婦手（ミートゥディ）の構え

元手一と元手二であろうと思われる。なぜなら、三戦と同様な意味で、気を養成する重要な要素があるからである。自然体で立ち、中段突きの動きをゆっくり吐きだしていく息と同調させる動き、受けの手に変化する場合の呼吸の節目、手を腰に引く場合の吸う息、まさに呼吸の呑吐《どんと》で気の養成を行っている。元手一は閉手で行い、拳での動作となるが、二では開手で、掌と指の動作になり、次の段階の取手の基礎にもなっている。

また、本部御殿の手では、指の使い方に秘伝が隠されているとも言われる。手、指の構造をうまく使い、急所への攻め、投げの阻止、攻撃への反撃などに利用される。上原清吉師は、日頃から「私の親指を掴める者はいない」とおっしゃられ、また、師に掴まれた弟子たちは固めわざの痛さに大きな悲鳴を上げ、泣き出しそうになっていたことを思い出す。

極めと投げ

取手と日本柔術

「取手」は、「元手」の次ぎにくる高度な技で、身体の線を柔軟に保ち、攻めてきた相手の逆手をとって倒したり、ねじ伏せたり、動けなくしたりする。相手の鋭い突き・蹴りを無駄のない最適な身体の回転でかわしたり、急所を攻めながら逆手をとったりするので、技自身は熟練を要する。しかしながら、いったんこれにかかると、大男でも身動きできなくなってしまう。

この「取手」技は、日本古来の柔術と似たところがある。大東流柔術や合気道と共通した技法が見られるのである。違いと言えば、少し観念的になるが、琉球舞踊と日本舞踊の違いを想像していただけるとよいのではないだろうか。大東流は「一か条」から「五か条」、合気道は「一教」から「五教」までを基本技としているが、これらは、御殿手の「取手技」の範ちゅうに入る。

大東流の技や合気道が、基本的に刀や短刀を意識した技になっており、その応用として、徒手や槍、杖、長刀への技を構成しているのに対し、御殿手は徒手による突き蹴りを基本に、棒、鎌、サイ、単棒、櫂（エーク）など、その辺のどこにでもある庶民の道具を想定しているところが異なる。もちろん、御殿手は王家の武術なので、刀や槍、長刀に対する技も多い。生活の環境が武術に大きく影響しているのは、当然と言えば当然である。

また、日本古来の柔術は、「殴る」よりも「掴む」を重んじる。最終的には刀や短刀で決着するという考えからであろう。相手の気と自分の気を融合させて自在に操る「合気」が奥義技であるため、鍛錬の場における攻撃としても、片（両）手取り、肩取り、胸取りなど「掴み」が多用される。

一方琉球では、相手との戦いを決着させる基本は「素手での攻撃」である。したがって、先達は、必死になって徒手空拳で相手を殺す、あるいは不能にする方法を模索したものと思われる。急所攻撃はその最たるものであり、一撃必殺が目標だったのである。そのために、中国武術も参考にしながら、今の高度な琉球武術を作り出していったと考えられる。

取手返しから裏返しと続く技

相手が「取手」を仕掛けてきたときには、「取手返し」で対処することになる。「取手」は、基本的に人体の関節と筋肉の構造を本来の形から反らすことによって攻める。対象が手ならば、逆手を取ることになる。

これに対し、「取手返し」は逆手を取ろうとする相手の手や身体の動きに合わせながら、こちらが反対に逆手を取ったり投げたりする技法である。取手を仕掛けるほうは、「相手の攻撃に対処している」という意識から、対処に対する攻撃に無防備になっているので、「取手返し」を掛けられたときの衝撃はかなり大きい。

階段を下りるとき、たとえ小さな段差でも、気づかない場合にはショックが大きいのに似ている。合気道などにも「返し技」があるが、こちらは、「気の流れ」とか「呼吸力の発揚」などの言葉で教えていく。

この取手返し技に対しては、さらに高度な「裏返し」がある。また、その上には「裏裏返し」があり、幾重にも層を成して高度化していく。この高度化は次第にテクニックの範ちゅうを越え、意識的なものへ移っていく。

多人数相手の舞の手

本部御殿手は、常に多人数掛けを意識していると言われる。したがって、徒手であっても武器であっても、多人数相手の技量を磨かなければならない。上原清吉師は、「大事なことは、踊りと同じように一つの流れで自在に動くことである」と日頃おっしゃっていた。身体の線を竹のように柔らかくしなやかに保ちながら、コマのような回転を利用しながら捌いていく、という。

もちろん、物理的に多人数を捌いていくには、それなりの筋力とスピードが必要であり、並大抵ではない。これを可能にするのが舞の手であり、おそらく「気」の力であろう。上原師とその弟子たちは、琉球舞踊と御殿手の関係に関する研究発表会を数多く行っているが、師の「かぎやで風」の曲に乗せた、ゆったりとした祝い踊りは「まったくスキが無い」との評判であった。

「琉球王家秘伝本部御殿手極意武術五ヶ条」（『舞と武』、第7回合同研究発表会）というのがあるので、技に関する条文を一つだけ紹介する。

一、武は剛拳のみに存在するにあらず。一撃にて倒す剛拳で身体を練りそれを礎とし柔拳にて心と技の真意を悟るなり。琉球王家秘伝武術真の技もここに存在することを知るべし。

御殿手の返し技

取手返しになす術なし

上原清吉師の道場を初めて見学させていただいたとき、私の繰り出す合気道の技は、ことごとく取手返しで反撃されたことは、先に「こねり手」のところで書いた。ここでは、その内容を少し詳しく記述してみることにする。

大学卒業間もなく、御殿手のことをよく知らなかったころの話である。父に連れられて上原清吉師の道場を見学させていただいたとき、先生は既に七〇歳を超えておられた。先生が、何でもいいので合気道の技をかけろ、と言われたので、それでは、ということで、自分の未熟さも知らずに、勇んで挑戦した話は、以下のようなものである。

まず得意とする合気道の二教「小手回し」で極めようと思い、先生の手首を掴んだ。相手の手首が強い場合には、自分の身体に相手の手首を固定し、自分の両腕で攻めるのが鉄則である。いくら強い先生の手首でもこれで極めることができるはずである。「手首が強くひねられて先生の身体が下方へ落ちる」ことを想像して〈極めた〉瞬間、自分の身体が後方へ突き飛ばされた。「取手返し」による衝撃だった。

小手回しで駄目なら、絶対に相手が返すことができないと信じていた三教「小手ひねり」で挑んでみた。これは先生にとってむしろ簡単だったようである。技をかけたはずの自分がいつの間にか逆に三教をかけられてしまって飛び上がるような痛い思いをした。お祝いの席での庶民の群舞「カチャーシー」の所作による取手が合気道の三教と似ており、これの返し技は先生にとって朝飯前だったようである。当然ではあるが、まったく歯が立たなかった。

こねり手の達人

このように、いくつかの「取手返し」という技を経験させていただいた後、今度は先生の片手を両手で掴み、しっかり固定するように言われた。こん棒のような固い印象を持ったが、「絶対に外させるものか」と必死に掴んだ。しかし、どういうわけか軽々とはずされてしまった。何度やっても同じだった。先生がおっしゃるには「掴んでいる接面には紙一枚のすき間があるのでそれを利用した」ということだった。日本語としての意味は理解できたが、当時の自分には、意味する内容はまったく理解できなかった。

今から想えば、あの上原先生の返し技は、すべて、琉球舞踊の「こねり手」であった。私が知っている先生の武勇伝には、「先の大戦中に、両手に山刀を持って複数の敵と実戦したこと」「大相撲出身の力自慢の大男を投げ飛ばして、そのまま弟子入りさせたこと」があるが、その後いろいろな技を見せていただいたように、こねり手の達人でもあったのである。

第4章　内なる力の発揚と秘伝武術

拝む意識の深さと気の強さ

想いと潜在意識

気というものは「考えずに、想う」ことと密接な関係があるようである。想うにしても直截に対象を想うのではなく、間接的に想うことによってより深い潜在意識へ働きかけることができる。深い潜在意識への語りかけで有効なのは、意識できる極限としての神すなわち〈大自然の創造主〉への想いであろう。

例えば、地域単位の広さの神（意識）、地方単位の神、国単位の神、地球規模の神、と順次拡大してイメージすることができるなら、徐々に作用できる潜在意識が

写真13：意識の作用

深まり、実体としての筋力が小さくても相手に作用することができるようになる。

　ここで言う作用というのは、相手の意識や感覚との相互作用であり、自分が力を入れなくても相手の身体脳が力を感じて筋肉に作用し、わずかな肌感覚で自ら筋力を働かせていくことも含む。（写真13）

意識の深さと気

　意識の深さの例を考えてみよう。例えば拝み手で畏敬の念を表すときに、まず、自分と物理的に同じ高さの位置の神に拝む、次に一メートルぐらい高い所の神に拝む。これを順次一〇メートル、一〇〇メートルと想念域を広げて想っていくと、自分の身体の感覚が微妙に変化していくのがわかる。

　これを、誰かに両手を握らせた状態で試してみると、想念の広がりと実際に力を加えている感覚が反比例していくのに気づく。極端なことを言えば、もし宇宙空間の果て（無限大）までもイメージできる人は、力がゼロでも強く握られた腕を上に揚げることができることになってしまう。

　しかし実際には、我々人間は、これまでに経験してきたことからしか、想いを巡らすことができない。一メートルから一〇〇メートル上までは何とかイメージできるが、それ以後は、頭では考えても現実感覚として把握してないため、まったく力の要らない皮膚感覚のみで手を持ち上げるまでには至らない。軽くは感じるものの、筋肉作用の範ちゅうになってしまう。

それで、古手での練習では、この想念力を練るために、揺曳（空気を揺らす）、膨縮（空気を手で圧縮したり膨らませたりする）、気球まわし（架空の空気球を手で回転させる）などを行っている。

融和と透明性

内在力を釣り出す

人と人とが敵対するとき、相手を「突きや蹴りで撃破したり、手や身体をつかまえて投げ飛ばしてやろう」と思う。これが我々の普通の感覚である。その目的達成のために、修業者はトレーニングによって筋力を鍛え、力とスピードを向上させる。それはそれで重要なことには違いない。

しかしながら、持っている力を出す武術の本質はそこにあるのではない。自分の持つ潜在的力を最大限に発揮するには、潜在意識に働きかけ、持っている能力を引き出すことにある。ただ、潜在意識は無意識であり、有意識で無意識に作用するのは容易ではない。

我々が限度を超えた大きな力を引き出そうとしたり、恐怖におののいた場合に「ウォー」と大声を上げるのも、顕在意識から離脱して潜在の力を引き出そうという無意識の作用である。実際に内なる力を発揚させるには、有意識が制御している外敵への対応装置である筋力をすべて緩め、意識を沈めることが重要になる。これによって内なる意識に釣られる深い内在力が、奥の方から「ふわっ、ふわっ」と湧いてくるのである。

透明になって融和を図る

「この野郎、やっつけてやる」とか「投げ飛ばしてやる」などと直に攻撃心を持ってしまうと、身体が居着いてしまい、相手に大きな作用を与えることができない。武術の練習時に、よく「決して、掴まれた作用点で動こうとするな」と注意する。どの武術でもそうであろう。

作用点での対抗は力比べになってしまい、筋力が優れているほうが勝つ。相手には力を使わせ、自分はなるべく小さい力で対抗する練習をするのが武術の本懐であり、そのために融和という概念が出てくる。

写真 14：相手との融和から始める

融和を図るには、まず相手から透明にならねばならない。実際に目で見えなくすることはできないが、掴むなどの接触を行っている場合には、筋力を最大限緩めて、ニュートラルを保ち、相手に動きを読まれないようにすることは可能である。（写真14）

融和とは、その状態から意識によって、相手を含む空間を自分の空間としてとらえることであり、「和合」と呼ばれることもある。空間との和合に際して重要なのは、目、耳などの感覚系と意識をどこかに焦点を当てないようにすることである。あいまい（ファジィ）に空間をとらえることが重要になる。この和合ができるようになると、空間イコール自分が成立し、小さい力で相手を自在に操ることができるようになる。

実際に行うのは簡単ではないが、和合した状態でつながっていれば、こちらの小さい力も、脳を経由せずに相手の力の元である胆中丹田や臍下丹田に作用し、操れるようになるのである。

柔らかく意識で押さえる

無意識の動きに作用する

相手の腕を押さえて動けないようにする場合を想定してみよう。これまでの生活体験から来る動作は、なるべく体重をかけて押さえつけることである。これは、力学的には正しい。しかし人間の場合には、意識という本質がすべての行動に介在しているため、これを抜きにして、単に物理的に動いても効果がない。

人間の起こす動作は、まず無意識層が働いて大方の準備をしていて、われわれが意識していると思っている部分はわずかである。例えば、茶碗を取ろうと思って手をのばすとき、「あの茶碗を取ろう」と頭で考えてから手が伸びるのではなく、考えたときには既に手は伸びており、途中から取るという意識と合体する。意識行動の前には、すでに先兵としての無意識が動作を始めているのである。すなわち、目に見える筋力やスピードの前に、意識間の接触が始まっていると言ってよい。

このことが感覚的にわかってくると、相手が先の動作をかけてくる前に、先の先を行き、実行することができるようになる。（写真15）

気で押さえるということ

古手には、琉舞の「押す手」の所作から流れ出て、手の平を身体のななめ下方にもってきて止めた「押さえ手」というのがある。この押さえ手で相手の手を上方に揚げさせないように押さえるには、相手の丹田を元とする気の流れを意識し、流れてきた気の先端を押さえる。

さらに、相手が逆らって手を上げようとする意識に対して、拝み手の天空意識を地球の中心に向けたもので対応する。全身の力を抜くことによって、身体の中心（丹田）だけが存在し、その中心で作用するという想いが重要になる。

写真15：触れずに意識間の接触を行う

合気道の一教という押さえ技について考えてみよう。まず正面打ちや掴みなどで攻撃してきた手を、相手の身体に沿って持ち上げるように崩し、相手を伏せるところまで倒し込む。そして、掴んでいる片腕が身体の線と直角より少し上になるように導き、自分の両膝を相手の脇と手首付近に固定して押さえ込む技法である。

修業者たちは、先生から〈気で押さえろ〉と教えられる。ところが、合気道の有段者でも、この一教の押さえを体重をかけて押さえると思っている人が案外に多い。体重をかけても押さえられるものではないとわかっていても、である。それ以外の方法が思いつかないし、他の人たちも、効いているのか効いてないのかわからないが、これで済ませているからである。「合気道とはこんなもんだろう」と素直に納得している人もいる。

この方法では押さえられないと疑問を持つ人は、押さえた状態から相手の手首を折って、痛さを加えて押さえ込もうとしたりする。もし、筋力や力で押さえつけるというならば、一教の押さえの手の位置ではなく、相手の腕の付け根部分の筋肉が動きにくいように片手でひねって押さえ込み、もう一方の手首部分の押さえでこれを補助するという方法を取らねばならない。

このように、〈気で押さえる〉という一教の「腕押さえ」は実際には結構高度な技術を要するものである。

柔らかく押さえるのが奥義

人間の気は、何らかの行動を先導するものであるため、身体の外側、特に手や足の先端に集中する。これは肉体を効率的に動かすための作用であり、我々は普段、特にそのことを意識せず、無意識に任せている。

そこで、琉球古手では、まず相手が攻撃してきた手を、身体の融和でもって対処し、融和状態を保ちながら崩していく。次に、押さえられる状態までもっていった後、相手の丹田から流れ出る腕の気を指の先端近くまで導き、琉舞の押さえ手の意識で軽く押さえる。（写真16、17）

もし、多くの修業者が誤解しているように、力ずくで押さえるというなら、むしろ筋肉の動きを封じる格闘技の「腕押さえ」のほうがは

写真 16：押さえ手（表）

写真 17：押さえ手（裏）

るかに合理的で有効であろう。上から覆い被さるだけではどっちにもならない。

古手にしても、合気道にしても、柔を要とする武術においては、柔らかく押さえる技術が奥義となっている。

芭蕉剥ぎの理

芭蕉と沖縄

南国の高い空に向かって青々と伸びる芭蕉。バショウ科の多年草で、葉は長い柄をもつ。琉球では、昔から葉鞘の繊維で芭蕉布を織り、着物や生活用品などに利用していた。芭蕉布の特長は、涼しく、肌にまとわりつかないことにある。この性質は、高温多湿の琉球にとっては貴重なものであったため、王族のみならず、庶民の着物地としても広く普及していたのであろう。

一反の芭蕉布を織るためには、芭蕉が二〇〇本以上も必要とされるという。葉鞘を剥がし、裂いていって繊維を採るが、より内側の繊維が高級とされている。現在では、沖縄本島の大宜味村喜如嘉というところが、この芭蕉布の名産地として知られている。

また、沖縄にはバナナ（実芭蕉）も多い。私たちが小学生のころ、いなかにあった祖父の屋敷内には、屋敷裏を中心に、高々と多くのバナナが植えられていた。実が収穫され、役目を終えた後の幹（実際には葉鞘が幾重にも重なりあった仮茎とよばれるところ）は子供たちの格好の遊び道具の一つでもあった。古い葉鞘を順次剥がしていくと、だんだん白くてきれいな透明状のものになっていき、この変化の様子が面白かったことを覚えている。

葉の先端から葉鞘を剥ぐ

この芭蕉に一つの秘伝武術解明のヒントが隠されている。一枚の葉鞘をよく見ると、上方に葉が伸び、横方向は肉厚の部分を中心にして次第に薄くなっていく。そして葉鞘の左右は、幅2、3ミリメートルの薄い透明な部分で終わっている。この透明な部分は葉鞘が幾重にも重なり合うために重要な役目を果たしているものである。

それでは、一番外側にある葉鞘を剥がしてみよう。葉の先端をつまんで、幹にまとわりつく

芭蕉剥ぎの理

ようにくっついている葉鞘を根元まで剥がす。そして、剥がした葉鞘の先端を指先で軽く押さえ続ける。この剥がされる葉鞘を、相手の身体にまとわりついている気に見立て、相手の気を、集中する先端部分から徐々に剥がすことと対応させて考える。これによって、相手の発揚した力の初動に作用し、相手が十分に力を出し切れない状態を作ることができる。この原理を応用したのが琉球古手の芭蕉剥ぎの理である。（写真18）

気を葉鞘のように剥ぐ

芭蕉剥ぎの原理で気をどこまで剥ぐかは、力の接点によって異なる。肘を折るような腕相撲の場合は指の先が葉の先端に、肘が根っ子に対応する。すなわち、相手の力の初動が起こる場

写真18：芭蕉剥ぎの理によって初動をおさえる

所が葉、支点が根っ子と考え、根っ子まで剥がした相手の気の鞘を押さえ続ければよいことになる。

初動を押さえられた相手は、そのことに気がつかず、力の大小というより、壁のような固い強い相手と戦っているという印象を持つ。精神作用のなせる技である。

例えば、他人が自分の身体を背後から持ち上げるケースを考えてみよう。相手の持ち上げる力の初動に対応するには、自分の身体が芭蕉になり頭の部分が葉身、相手が掴んでいる下腹が根っ子に対応する。自分の頭付近にある葉身の先端を軽く持って下腹部まで剥ぎ、身体と１００度ぐらいの角度を保って軽く押さえる。そうすると、持ち上げようとする相手は、まるで身体に根が生えて、地面から身体を抜き出すような感覚に陥る。面白いものである。

皮膚感覚と武術の奥義

皮膚の能力

皮膚と武術の関係については、「一体どんな関係があるのか」、といぶかる方々も多いのではないだろうか。単純に考えれば、「皮膚は単に、戦闘の結果として、打撲で黒くなったり、傷が入ったりするだけではないのか」、としか思わないであろう。

しかし、皮膚という触覚の驚くべき能力を知ったとき、われわれは、武術の奥義と深い関係にあることを知ることになる。

地球上に最初の生命が誕生したのは、およそ四〇億年前といわれている。皮膚は生命の外界との境界であり、その性質から生物生存のための機能を多く持つようになった。熱や風雨、太陽光線などの自然環境から身を守り、外敵を察知したり、避けたりしながら、内部の生命機能を維持する役割を担ってきたのである。

進化して脳や神経細胞のできた高度な生物でも、内部を守る皮膚の重要性は変わらない。触れることによって、置かれている場を一瞬にして理解する。それだけではない。人間の皮膚の場合、振動を感知して音を認識したり、光を感じたりもするという（山口創、『皮膚という「脳」』）。まだまだ分からないことが多い。

武術の視点から見た場合、重要なのは、「皮膚自身がその高度な触覚能力によって、脳の情報処理を経由せずに、自ら知覚・判断・処理を行っている可能性がある」ということである。考えてみれば、掴むとか、押すとか、引っぱったりする感覚は、最初に皮膚が感じる。相手と皮膚を触れ合うということは、そこに発生するエネルギーや情報に対する共通認識を持つことにもなる。もし、皮膚の状況処理と脳の処理が一致しないように相手に刺激を与えることができれば、それこそ摩訶不思議な奥義技を形成することができることになる。

皮膚感覚と気の作用

そのヒントは、まずリラックスを徹底して、脳の支配からすべての筋力を解放し、初期状態から、丹田の意識だけで動作を起こすことにある。すなわち、相手の身体に圧力をかけるときに、皮膚だけに作用するようにして、奥の筋肉に影響を及ぼさないように押すことである。

果たして、そんな器用なことができるのだろうか。「奥に作用しないように押すということは、極めて軽く押すことですよね。簡単に言えば触れることですよね。いつも軽く触れていますけど、特に何も感じませんよ」というのが大方の印象であろう。

普通はそうである。ここからが重要なことであるが、「意識上は、わずかながら押す」のである。リラックスして、自分の中心だけを意識して、想念で皮膚だけを「押す」と、いわゆる気で押すことになり、脳ではなく、相手の皮膚感覚に直接作用できる。

脳の錯覚を導く皮膚感覚

「押す」感覚というのは、拝み手や押す手の箇所で述べた押す感覚と同様なものである。例えば、他の武術で重要視されている「合気揚げ」に応用してみよう。正座して、両手を強く押さえつけられた状態を想定する。掴んでいる相手の手を上に揚げようとすると、皮膚を介して相手の筋肉神経に作用し、相手の脳がそれを察知して、さらに強く押さえつける、というパターンになる。そこで、皮膚だけに圧を加える方法を模索することになる。

そのためには、「相手の手の平の筋肉ではなく、手の平の皮膚が自分の腕を掴んでいる」と、まず、思えるかどうかである。思うことができれば、「拝み手における広がって行く空間の想念」を「相手の皮膚と掴まれている自分の腕との距離」に置き換えて、各種の揚げ技が可能になる。軽く揚げるには、実際には接触している相手の皮膚を、離れた距離から「ふわっ」と握っている、とイメージして、それを押し返せばよい。これで、皮膚感覚だけに作用することができる。

そうすると、相手からしてみればどうなるか。筋肉の神経を通して脳に刺激が行く前に、皮膚感覚が勝手に情報をキャッチして処理し、外界からの圧力情報を丹田などの身体に伝えるため、脳の感覚とは別に、身体が勝手に動くような錯覚に陥る。技をかけられた人は「意味が分からない。摩訶不思議な技だ」と思うであろう。琉球古手でいう「無押の押」、すなわち「押さずに押す」という秘伝技になる。

多くの方が知っている合気揚げで説明したが、もちろん皮膚感覚を利用した武術はこれだけに留まらない。「押さえたり」「押したり」「引いたり」はすべて皮膚接触の技であり、これらに広く応用できる。この皮膚感覚とリラックス状態から出る気を利用すれば、「揚げる奥義」「くっつける奥義」あるいは「押す奥義」がわかってくる。

第5章 意識と呼吸が生み出す琉球古手の秘技

動作の事の起こりの認識

行動の実体

人間が何らかの動作を行う場合を考えてみよう。「何をするか」という意思が決まると、次に行動に移ることになるが、この場合、すぐに意識層が作用するのではなく、まず無意識層から入り、それから意識層へとつながれる。だいたい 0.5 秒までが無意識層で、それ以後は意識層が働くと言われている。

通常の武術では、相手の体勢を崩す場合、体の転換や相手の力のベクトルを利用している。流れに逆らわず、相手の力の方向に導いて崩すのである。これは合気道の真骨頂である呼吸投げによく見られる技法である。体術的には基本でもあり、私たちの古手でもよく使う。

古手にはこれの他に、全身の力を抜いて空の意識を持ち、攻撃など事の起こりへ作用する秘技がある。握られるなど相手との接点がある場合、先に述べたように、古手による崩しでは、決して接点に力を入れない。相手の脳意識に動きを悟られるからである。

例えば、相手が両手を掴みにきたとき、「事の起こり」に作用するためには、掴むという攻撃意識で動こうとしている相手の無意識層（0.2～0.5秒以内と言われている）へ働きかける。手が動き出してからではもう遅いのである。

相手は「ありえない非日常的な現象」を無意識層で意識し、脳の錯覚を引き起こしてしまう。そこで、錯覚や混乱を持続させながら、相手の力と脳の命令とを分離してしまい、しなやかな剛の技で投げ飛ばす。

無意識層へ作用する技

離れた状態から、武器で攻撃してくる場合にも同様である。まず無意識層に働き掛け、相手の意識を無力化した後、技を掛ける。これは、あたかも自分は受け手のように振る舞っているが、実は先に相手の無意識層へ働きかけているので、「先の先の技」になる。
無意識層への働き掛けは「事の起こり」と「接触する瞬間」に行われる。「事の起こり」に作用すれば、相手はこちらの動きがよく認識できないため、何が何だかわからない状態で力が抜けてしまう。（写真19、20）
また、次の「接触する瞬間」では、全身を脱力して身体感覚を研ぎ澄ました状態にして、ゆったりと相手の攻撃の意識に合わせ、丹田などからの気で制する。「ゆったり」という表現ではあるが、投げられた本人は精神作用と物理的作用の合体で結構きついものである。（写真21、22）

写真 19（上）、20（下）：事の起こりへの作用

写真 21（上）、22（下）：事の起こりへ作用した後、接触する瞬間に気で制する

呼吸と無意識力の創出

緩める効果

体中の筋肉を緩めて、ゆっくりとした一定の深い呼吸を繰り返してみる。すると、呼吸そのものが気持よくなる。これは、セロトニンという安らぎを与えるホルモンが出るからだと言われている。

セロトニンは神経伝達物質の一つで、他の神経伝達物質であるドーパミン（喜び、快楽）、ノルアドレナリン（恐れ、驚き）等をコントロールし、精神を安定させるということで、マスコミや雑誌などを通して、よく名の知られたホルモンである。

一定のリズムによる丹田呼吸は、セロトニン神経系を活性化させ、身体の感覚を研ぎ澄ます効果がある、という説もある（小沢隆著、『武道の心理学入門』）。

呼吸と無意識力

また、息を吐いてリラックスし、下腹部を意識してゆっくり呼吸をすると、脳を覆っている意識層が薄れ、潜在意識が顔を出してくるという。心臓の鼓動、ホルモンの分泌、呼吸などにも潜在意識が働いているが、意識することは少ない。潜在意識の出現は、日ごろは意識層が抑制している動物としての基本的能力や機能を引っ張りだすことにもなる。

この「リラックス—呼吸」法は健康雑誌などにもよく取り上げられており、これによって身体の感覚も鋭敏になり、皮膚感覚や、無意識下の意識に働きかけて、物理的影響を及ぼしたり受けたりすることができるようにもなる。情況によっては、力学的現象を経ずに相手を制することも可能になり、このような脳・感覚系を利用した武術は、目には見えないことから、不思議な神技と呼ばれたりすることがある。

多くの神技に共通していることは、思いと呼吸の織り成す身体作用により、その人が本来持っている潜在能力を最大限に活かしていることである。

気の場を形成する

感覚と場

人は普通、それぞれ独特の雰囲気というのを形成している。ほんのちょっとした意識の動きや思いが、無意識にその人の表情や態度に現れる。個性といってもよい。しかも無意識下でそうしているため、自分がそういう雰囲気を他人に与えていることに気がつかないことが多い。ある意味で、知らずに気の場が形成されているのである。

それでは、我々はいったい相手のどんな情報を得て場を認識しているのだろうか。脳の情報処理機能は意外に単純で、見る、聞く、触れるなどの処理する感覚にも優先順位がある。

おそらく、生物としての進化の過程で、生存するための経験や学習から形成されたのであろう。「百聞は一見にしかず」「百見は一体験にしかず」という言葉があるように、視覚が聴覚に、触覚が視覚にそれぞれ優先処理するようになっているのである。

例えば、敵意を感じさせる誰かがほどほどに離れた位置にいて、手を振り上げ、大声を出しながらだんだん近づいて来る場合を想定してみよう。視覚で認識する相手の位置は変わらないで、だんだん声が大きくなってくるときと、声の大きさは変わらないで、人物がだんだん近づいてくるときとを比較して、どちらに恐怖を覚えるのであろうか。

聴覚が感じる変化より、視覚で感じる変化のほうがリアリティがあり、優先されてしまう。また、相手と手を握り合って対峙している場合、握っている手（触覚）に変化を与えないようにして身体を近づけて（視覚）も、相手はさほど危険性は感じないが、握っている手をわずかでも動かせば、相手は防御態勢をとってしまう。

場と武術

このように、脳の反応の在り方を利用して、自分の有利なように場を形成していくことが可能である。要諦は、自分の変化を相手に悟られないことである。腕を握られている場合には、腕のみならず全身の力を抜く。握られているという意識さえ無くしてしまう。また離れて対峙している場合には、攻撃心を与えないように全身の力を抜き、相手も含めた空間と自分とを融合させ、全体を自分自身だと思うことによって相手から空になることができる。これが、琉球古手における理想的な場の形成法になる。

多人数を相手にするときにも、個人個人を対象にするのではなく、全体を場としてとらえ、自分の空間だと思うことによって、無意識下で作用する環境を作ることができる。この場がうまく形成されると、相手の無意識にも作用することができるようになり、「無心」の武術的効果が発揮される。

ちなみに、本部御殿手の上原清吉師は、武器対武器で他人数と相対したとき、まるで相手の存在を無視でもしたかのようにふるまい、力が抜けてしまった相手を次々と倒していった。「無心」の力を知らない人たちから見ると「やらせ」のように見えてしまうだろうが、これが極意であろう。相手は、わかっていてもどうにもならないのである。

秘伝技の根源

木鶏と武術の奥義

秘伝技を生み出す根源は一体どこにあるのだろうか。中国には次のような、最強の闘鶏についての故事（「荘子・外編」）がある（安岡正篤著、『人物を修める』）。

紀悄子《きせいし》という闘鶏を育てる名人がいた。闘鶏の好きな王が、この男を見込んで、闘鶏の調教訓練を頼んだ。一〇日ほど経ってから王は聞いた。「仕上がり具合はどうかね」。すると男は、「まだまだ空威張りだけして、闘争心があるのでいけません」と答えた。

また一〇日経過して、再度王が尋ねると、「まだいけません。他の鶏の声を聞いたり、姿を見たりしただけで、いきり立ってしまいます」と答える。また一〇日経過した後に王が聞くと、「目を怒らせて己の強さを誇示しているようでは話になりません」と言った。

さらに一〇日経ってから王が情況を聞くと、「もういいでしょう。他の鶏を見ても、他の鶏が鳴いてもまったく相手にしません。まるで木彫りの鶏のように泰然自若としています。その徳ゆえに、もうどんな鶏をつれてきても、これに挑む物は無く、姿を見ただけで逃げ出すでしょう」と言った。

これは、道を極めた人の比喩として、木鶏を描いたものであるが、武術の奥義を示しており、興味深いものである。先述の松村宗棍のエピソードも思い起こさせる。

また、往年の名横綱双葉山と木鶏の話も有名である。当時破竹の勢いで連勝を重ねていた双葉山であったが、それが六九連勝でストップしたとき、木鶏の話をしてくれた安岡正篤翁に「イマダモクケイニオヨバズ」と打電したという。安岡翁はちょうど欧米の東洋専門家の方々との話し合いのため、船でインド洋を航行中だったという。時は、第二次大戦直前の話である。

和合と武術

琉球古手を研究してわかることは、筋力を高め、技術力を学ぶこともさることながら、秘伝と言われる奥義技まで行くには「想い」が重要になることである。自分を最大限に消してしまい、意識の上で透明になる境地が出発点になる。これができて初めて、相手と和合でき、相手を自在に操ることができる。

「何とかしよう」という心を持っている限り、和合は不可能になる。合気道創始者の植芝盛平翁の道歌に次のようなものがある（阿部醒石編集、『合気道奥義（道歌）』）。

合気とは　よろず和合の力なり
　たゆまずみがけ　道のひとびと

これは和合そのものが合気であるということを歌ったものであり、自分を取り巻く周囲と和合できて初めて平和にもなり、高度な武術にもつながることと解釈することができる。

一つ、和合に関するエピソードがある。私が学生時代から合気道を教わってきた、天之武産合気塾道場の故阿部醒石先生は、学生から「先生、合気道って何ですか」と尋ねられると、いつも温厚なお顔に笑みを浮かべられ、即座に「愛や」とおっしゃっていた。周囲にいた学生たちも含めて、みんな、「はあ?」と分かったような、分からないような固い表情になった。無理も無い。合気道は敵と相対する武術のはずなのに、「愛」と言われては納得しがたい。それで、みんな、「『なんじの敵を愛せよ』の心で敵とは戦うな」が合気道なのかと受け取った。「愛」と「和合」のもつ深い意味が理解できず、「そんなはずは無い」と思いながら、先生の言葉を解釈した結果であった。

琉球秘伝武術の精髄

これまでの古手の研究から、琉球秘伝武術の精髄は

場在松弛《チャンツァイソンチィ》、気在意識《チーツァイイーシー》、力在呼吸《リーツァイフーシー》

で表現されることが分かってきた。意味は、潜在エネルギーの場は弛緩に在り、万物のエネルギー源は意識の中に在り、その力は呼吸の中に在る、となる。すなわち、身体の弛緩によって潜在エネルギーを引き出す場を形成し、意識によって身体利用の最適化を図り、呼吸によって剛・柔のしなやかな力を練り、創出する。これが琉球古手の精髄である。

琉球武術の極致を決定する要因は、むちみ（柔らかさ）、あてぃふぁ（破壊力）、ちんくち（しなやかさ）であり、そして心（くくる）（想い）であると言われる。琉球舞踊も同様であろう。そしてこれらの要因はすべて、身体の重心である丹田で一つの結節点を形成している。特に「気」とか「丹田」とかの直接的表現は用いなくても、むちみ、あてぃふぁ、ちんくち、そして心という糸を紡ぎ、織り成していくと、これらの文字が自然に浮かび上がってくるのである。

集合的無意識と武術の関係

無意識の深さ

先に、気には（１）顕在意識（有意識）の強い念によるもの、（２）潜在意識（無意識）の力によるもの、そして（３）すべての人間に内在している無意識の融合によるもの、があるようだと述べた。著名な心理学者ジークムント・フロイトは、我々が普通に脳で考える顕在意識は氷山の小さな一角であり、水面下には潜在意識という大きな塊があると主張した（久能徹・太田裕一編著、『よくわかるフロイトの精神分析』）。

すなわち、我々が普段、気づいていて、意識している部分を「意識」、普段は意識していないが、工夫や努力によって、意識に上がってくる部分を「前意識」、脳の奥深くにしまい込まれ、普段は決して意識することのできない部分を「無意識」と名づけたのである。（２）の気は、この潜在意識が起こす能力だと解釈することができる。

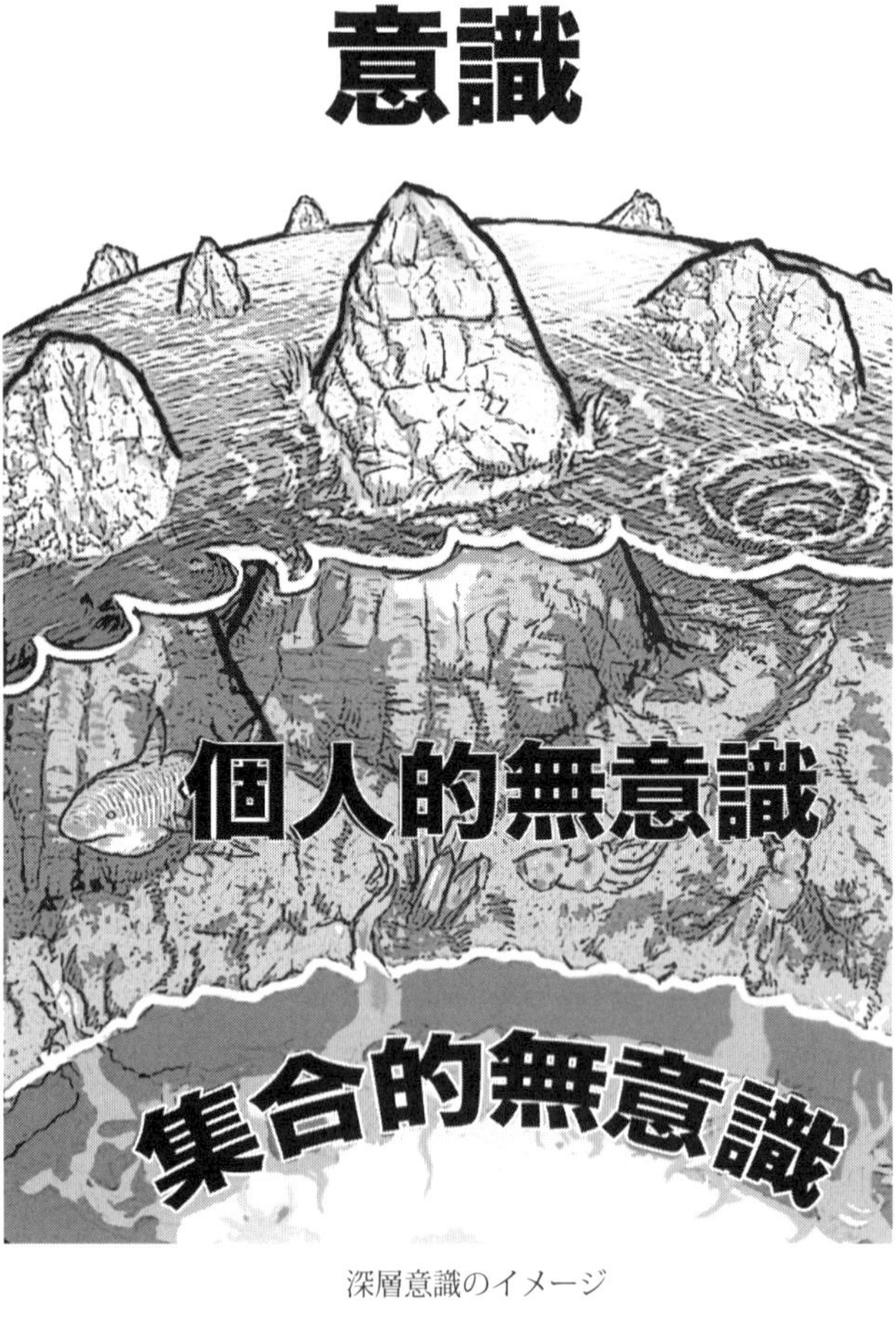

深層意識のイメージ

　またフロイトの弟子でありながら、後に離反したカール・グスタフ・ユングは、さらに集合的無意識という概念を打ち立てた。我々個人は肉体という一面からはそれぞれ別々であるが、心の側面である意識からみると、すべての人は奥深いところで共通の意識すなわち集合的意識でつながっているという説である。

　例えば、どうして多くの人が気味悪がる虫がいるのだろうか。どうして人類は多くの共通認識をもつのだろうか。これらは、集合的無意識によるものであり、人類が過去の時代から体験してきたことが蓄積されてきたからだというのである。心理学を深く研究したわけではないが、（３）の気は、これに相当するのではないかと思っている。

　また、ユングは「必然的な偶然」を意味する「シンクロニシティ」という考え方も示し、「虫の知らせ」や「ふと脳裏に浮かんだ人から、しばらくして電話があった」とかは、この「シンクロニシティ」の一つだとした。

潜在力の引き出し方

　これまで何度も述べてきたように、潜在意識の作用で大きな力を出すことができる。そのためには、まずリラックスして全身を緩め、通常、あれやこれやの情報が錯綜している脳（有意識）の情況を鎮める。そして、直接に目的の動作を想うのではなく、何かを媒介にして想う。これが一つの潜在力を引き出す方法である。

これは（2）の気に相当するが、これが引き出せるようになると、実際に物理的にもパワーアップして、武術的には、もうかなりの高段者である。有意識では出すことのできない力であり、武術でいう気というものの正体が少しわかってきた、ということができる。

もっとも、武術的には、有意識、無意識による物理的な筋力増による対処法、相手の意識を混乱させての対処法、直接相手の意識に作用して無力化する対処法のどれも気という言葉で表現され、気が広い意味で使われるため、（2）の気が理解できても、一概に「気というものがわかった」と言い難いものではあるが。

集合的無意識と武術

武術で直接相手の意識に作用する現象は、気発を制する、すなわち先の先を行くことである。これは、相手が、攻撃しようと思って手を出そうとする刹那に、攻撃対象である自分の変化を知らせて、相手の意識と動きをチグハグにしてしまう秘技である。相手は脳の指令と行動の整合性がとれないため、途中で攻撃ができなくなって力が抜けてしまう。この秘技の場合には、相手が何人でも行えるので、集合的無意識と何らかの関係があるではないかと想像する。ただし、今のところ、確証はない。

例えば、相手の掌の中央を指で下方に押す場合、単に力をかけて押した場合と、脳から接点まで延びる相手の感覚ニューロンの元を意識して押さえるのとでは、相手に与える影響の形態が異なってくるのも事実である。自分自身の意識による潜在力が、相手の潜在力へも影響するのである。また、同じように、気の発揚の訓練をしている人たちとは、意識が通じやすいので、共通の集合的無意識が表に出てきているのではないか、と考えることもできる。

ユングが参考にしたと言われる仏教にも、上記の（1）、（2）、（3）にほぼ対応するものとして（1）唯識（眼、耳、鼻、舌、身、意の六識）、（2）末那識（マナ識）（七識）、（3）阿頼耶識（アーラヤシキ）（八識）というものがある。無意識力というのは確かにあるが、これらをこのように構造化できるのかどうかは、よくわかっていない。ただ、武術の奥深さは、人間の脳の奥深さと密接に関係しているのは、間違いなさそうである。

第6章 日常に生きる琉球古手の技

神技とは

神技と呼ばれた技

「神技」という言葉がある。『広辞苑』で調べてみると「神の力でしかできないような素晴らしい技術」とある。いろいろな神技があると思うが、武術で言うと、我々の通常の常識から考えて「そんなことはあり得ない。説明がつかない」と思うような技である。

この神技という呼称は、合気道を極めた方々の技によく形容されている。開祖の植芝盛平翁、養神館合気道の塩田剛三師などの技がそうである。

養神館館長だった塩田剛三師には次のような有名なエピソードがある。昭和三七年、米国のロバート・ケネディ司法長官が来日し養神館を見学したときの話である。長官に随行した一九〇センチメートル、一〇〇キログラムの巨漢のボディガードの両手を掴んだかと思うと、瞬時に、クモをピンで張り付けたような格好で何度も床に押さえつけ、身動きできないようにしてしまった。

塩田師自身が一五五センチメートル、四五キログラムの体躯であったから、一行の驚きは想像に難くない。模範演武では、次々と飛びかかってくる巨体の弟子たちを「ひょいひょい」とかわしては投げ飛ばし、その軽々とした体《たい》の転換と威力が東洋の神秘技だと思わせたのである。

また、合気道の源流とも言うべき大東流柔術の祖である武田惣角翁、触れたとたんに相手を床に転がしたり投げたりする、いわゆる「透明な力」を出すと言われた同じく大東流の佐川幸義師などの技も神技と呼ばれた。他にも多くの神技を出せる武人達がいたと思われる。

日常感覚を逸脱する神技

人が物に力を加えるときには、筋力を使う。物理的に考えれば、力を込めれば込めるほど大きな作用を引き起こすことになる。小さな力で大きな作用を引き起こせたらどうだろうか。人々は驚き、「おおっ」と感嘆の声を上げ、その技術に感心するであろう。

掴み技で考えてみると、相手が掴んできた手と掴まれた個所との接点で争うのではなく、力学的支点である肘、肩あるいは体全体の総合的な螺旋《らせん》の動きで接点に応じた時である。「手功《てこう》より目功《めこう》」と言われるが、武術でも、小手先のことにとらわれずに広い視野から事象を把握し対処することが大切なのである。

しかしながら、人はこれらの技に対して神技とは思わない。なぜなら、我々が普通に経験する力学的な「てこの原理」でも説明でき、物理現象として把握されるからである。

それでは、どの辺の技術から神技と呼ばれるのだろうか。殴る場合を考えてみよう。人は、相手を殴ろうとするとき、まず殴る意思や思いを持ち、体を効率的な態勢にもっていく。それから、筋力を使って攻撃を仕掛ける。筋力による攻撃は目的の最終段階の動作に過ぎないが、我々は、つい、これがすべてだと勘違いしてしまう。すなわち、意識したり、その意識が伝達されたり、体勢を整えたりする過程が、無意識下で行われるため、あまり注目されないのである。

一方、攻撃を受けるほうから考えると、相手と自分の双方に、意識し、意識を伝達して動作（筋力）するという過程があることになる。これら三過程を一動作として融合させることにより、通常では考えにくいような速い動作で攻撃に対処したり、大きな力で対応したりできるようになる。

そのエネルギーやエネルギー感が日本古来の武道で言う〈気〉である。この意識や思いと融合した捉えどころのないエネルギーは、力やスピードが中心であるはずの格闘技において、力学的作用だけでは説明できない、いろいろな「不思議」な現象を引き起こし、「神技」を生むことになる。

琉球古手の技

琉球の風土と神技

ところで、沖縄には数多くの武術の名人、達人がおり、武勇伝も数多くあるにもかかわらず、「神技」というのはあまり聞いたことがない。普通日本人は、「打撃の神様」「格闘技の神様」「ゴルフの神様」など、神を一つの技術カテゴリーの上部に置いてしまう。「古事記」にも、事象ごとに神様が描かれているので、そういう概念や考え方が「八百万《やおよろず》の神」信仰として、日本の文化の原点にあるのかもしれない。

沖縄で神といえば、家庭の台所に祀られている「火之神（ヒヌカン）」がよく知られている程度である。自然への畏敬を表す神は存在するが、人を神格化することはあまりない。むしろ、神と交流でき、神と人々の媒介者となる「ノロ」や「ユタ」が信仰の主流である。

したがって、武術の神様「手の神（ティヌカン）」のような発想は、なかなか出てきにくいのではないだろうか。また、沖縄は横型社会ともいわれ、絶対的な縦の階層を作ることはあまりない。たとえ近くのお爺さんが、空手の「神技」のような使い手でも、「大変な技（デージナワザ）」とは思っても、決して神技まではしない風土がある。

気を練る武術と踊り

これまで、丹田という言葉を何度も使ったが、これについて少し考えてみよう。古来、中国には丹田という概念がある。呼吸を媒介にして大気中から取り入れた気を練り、仙人になるための薬「仙丹」を作る田のことである。気を練ることは道教の修業法の一つであるとされ、丹田には、下丹田（臍下丹田）、中丹田（胆中丹田）、上丹田（眉間丹田）があると言われている。

琉球古手の奥義技から類推すると、下丹田は安定の気、中丹田は攻めの気、そして上丹田は意識を発する気に関係しているように思われる。そして重要なことは、これらの気がすべて、体中の筋力を最大限に緩める意識からしか出てこないことである。

本部御殿手の「元手」の型、空手の「三戦」の型は呼吸法により丹田で気を鍛えていく。空手の剛柔流の命名のもとになったといわれ、中国の「拳法八句」にある「法《ファー》剛柔《ガンロウ》呑《トウエン》吐《トゥ》」を実践するのである。琉球舞踊には、「女踊りは肉に骨をつけて踊り、男踊りは骨に肉をつけて踊れ」という教えがある。これは、言い得て妙である。肉と骨の対比によって簡潔に表現してはいるが、意味は限りなく深い。女踊りの優しく柔らかい所作の中に芯の強さがあり、また、男踊りの力強さも決して力みから来るものではなく、柔が表現を変えて出ている、ということであろう。

物理的自由度と意識

琉球古手の研究からわかることとは、剛の気に基づく武術には、大きく、二つの要諦があることである。一つは、丹田で気を鍛えることができるかどうかであり、二つ目は、体の中の鍛えられた気を身体の内外を問わず、自在にどこへでも持っていけるかどうかである。

後者はあまり知られていないが、これは体の仮想重心の移動とも密接に関連して武術上極めて重要である。そして概念的には、先述の「場在松弛、気在意識、力在呼吸」となる。

琉球独特の突き方に、突きの主手にもう一方の手を添える夫婦手（ミートゥディ）というのがあるということは述べたが、この構えの利点の一つは、相手の脳感覚を集中させないことにある。すなわち、主攻撃はどちらか一方の手であるにもかかわらず、相手は構えの時点で双方の手に気を取られ、双方の手を防御しようとする意識が働いてしまう。その結果、主攻撃の手をうまく受けることができなくなる。

面白いことには、この夫婦手の構えを前屈の姿勢でとっても効果が出ない。相手に両手の自由度を感じさせないからである。御殿手に見られるように、足高（ヒサダーカー）の姿勢だからこそ自由度があり、相手にも構えた双方の手の自由さを意識させて効果が出てくる。よくよく研究してみれば、単に自由かつ自在な動きだけではなく、相対する相手の心理にも影響する高度な構えなのである。

回転臼の教え

円盤状の石を二個上下に重ねた回転臼も、武術上のヒントを与えてくれる。穀物や豆などをひいて粉にする道具「臼」は、昔は多くの家庭で見られた。子供たちが遊び回る中、軒下で、お婆さんが額に汗してひいていたことを記憶している。主に自家製の家庭用味噌をつくるため、大豆をひいていたように思う。臼には大きく分けて「ひき臼」と「つき臼」があるが、ここでいう臼はひき臼のことである。上の石の穴から豆類を落とし、上の石を取っ手でまわしてすり砕く。食品の成分を壊したりせず、食品のもつ栄養素をそのまま

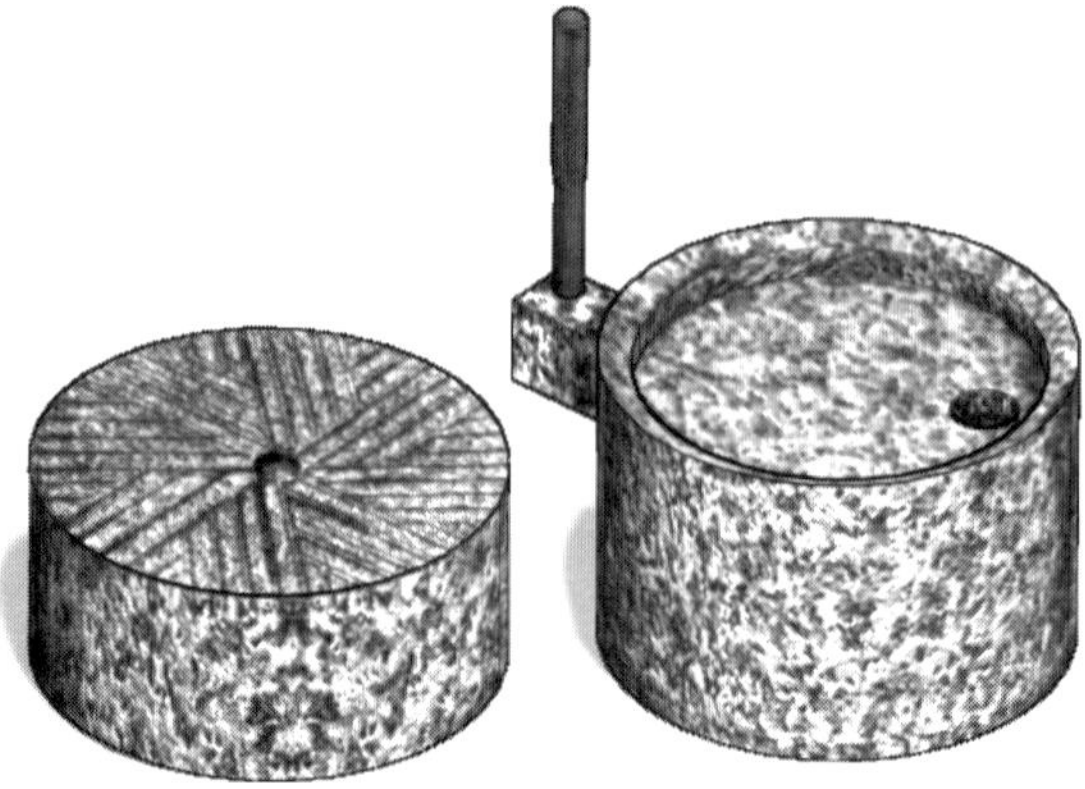

ひき臼の上下

保つことができるため、家庭では貴重な道具であった。

分かりやすい両手取りの場合を考えてみよう。相手が自分の両手をしっかり固めて持ち、これを投げ技にもって行くにはどうすればよいか。

まず、二つに重ねられた臼を考える。この上下の臼を空中にもってきて横にし、相手と自分の間の空間に、取っ手のある上臼のほうを自分側に向けて置く、とイメージする。このとき、臼の直径は握られた左右の腕間の距離よりわずかに小さく、すれすれで手に触れない大きさとし、また、石盤の中心が中丹田の高さになるように置く。

それから、意識上で取っ手によって上臼を回して行き、徐々に回転を速めて行く。この時点では、上臼はまだ自分と接触していないが、下臼は相手と一体化して動かず、どっしりとしている状態である。

写真23：ひき臼の回転技による投げ

そして、自分側の臼が高速になったと思えた時点で、この回転臼の縁に掴まれた左右の手を軽く押し付ける。すると、手が臼の回転に巻き込まれて、突然急激な回転を引き起こす（実際には、腕と肩との関係から、自分の腕は最大１２０度ぐらいまでしか回転しない）ことになる。これにつられて、しっかり握っている相手の身体は下臼とともに強く回転させられてしまう。これによって、相手を投げたり倒したりすることができる。

どうしてこのようなことが可能になるのだろうか。術の観点から考えてみよう。まず、投げ手が回転臼に手を軽く押し付けた瞬間、投げられるほうはしっかり握っている両手が、一瞬内側に移動したと脳が感じる。そして、この内側移動を感じたとたんに別の強い回転の力が加わるので、脳が状況を把握できずに相手のなすがままに投げられてしまうことになる。

回転力の強さは、自分自身が「予期しない状態が発生した」と思えるかどうかにかかっている。自分をだませれば、自動的に相手の脳もだませることになる。（写真23）

生活と武術

介護と武術

最近は、武術的身体操作を毎日の生活や介護に活かそうという本が多々みられる。介護における「寝ている人の上体を起こす」「座っている人を立ち上がらせる」などの身体操作は確かに武術と共通するものがある。投げたり倒したりすることと、原理は一緒だからである。したがって武術のレベルの高低によって、介護への応用のレベルも異なってくる。

一般によく知られた方法は、体を密着させて腰に乗せるようにすることである。また、全身の力が腕の力として作用するように、指を特殊な形にし、自分の体重と相手の体重の重心移動を利用して起こす、というものもある（例えば、甲野善紀著、『甲野善紀の驚異のカラダ革命』）。

しかしながら、座っている人を後ろから抱えて立ち上がるときならまだしも、寝ている人の上体を、横にすわって「よっこらしょ」と起こそうとしても、なかなか両方の重心を認識できない。結局は力に頼ってしまい、相手の体重が重い場合だと、やってみても失敗することが多い。

重要なことは、物理の力学的な思想だけで方法を考えても、人間の体はそううまくは制御できない、ということである。意識や思いによって身体利用の最適化を図らなければならない。

意識で起こす

琉球古手には、気合わせ（チーアーシー）という技がある。武術上は中高度な術であるが、これによって初めて、殴・打・受・関節技などのテクニックが全身から湧き出る力となり、武術技に移行するといってもよい。

例えば自分が横にすわって、寝ている人を起こす場合、相手の上半身の中心である中（胆中）丹田と自分の中丹田を柔らかく結ぶように意識する。そうすれば、不思議なことに自然に両上体の重心が結ばれ、起こそうとする自分の丹田の動きに合わせて、軽く相手を起こすことができる。相手も、まるで自ら起きてしまったかのように錯覚するぐらい軽く起きる。

座っている人を立ち上がらせる場合でも同様である。信じられない方は、ぜひ試してみるといい。最初にこれを経験した者は、起こすほうも起こされるほうも、理屈では理解できないため、人によっては笑い出したり唖然としたりするぐらいである。

ただ、この中丹田の気合わせの方法は、少し教えれば素人でもできるようになり、武術のレベルとしては中ぐらいである。拝み手の奥義技からくる「無押の押」で起こすと、脳を経由しない身体の動きを引き起こし、被介護者はわずかな刺激によって自分で起きてしまう。

気合わせの効果

ちなみに、少し複雑にはなるが、他人と相対するときの上体の気合わせは以下のようになる。理解を容易にするために、両手首を強く握られた状態からの気合わせについて述べる。

相手に強く握られた状態から、まず腕も含めて自分の身体の全ての力を抜く。脱力して意識は臍下丹田に置く。次に、握られた手首（接点）と相手の上体（支点）を意識して、相手の中丹田と自分の中丹田を短い呼吸による丹田の動きで一体化させる。一体化動作が速ければ速いほど、脱力の度合いが大きいほど、相手はどこから接点に力が加わったのか感得できず、「おおっ」と驚きの声を発し、こちらの動きに操られてしまう。

ただし、ここでいう速さというのは、物理的なスピードではなく、人間の感覚系が感じる身体スピードのことである。

身体の中心で持つ

丹田の手で持つ

われわれが普通に力を使う場と言えば、物を持ち上げたり持ったりする場面ではないだろうか。こういう場合にも古手は役に立つ。身体の中心は臍下丹田であるが、ここを意識して物を持つと体全体の力を有効に使うことができ、楽に仕事ができる。

物は手や身体の一部で持ってはならない。全身で持つのである。両手で物を持ち上げるときには、肩から出ている手で持つのではなく、臍下丹田から出ている手を想像してこれで持ち上げる。そうすると普段より楽に持ち上げることができる。

気のボールを作る

琉球古手には臍下丹田に意識を集中させる鍛錬がある。まず、天からゆっくり雪のように間断無く降ってくる「気の素」を、高く頭上に上げた両手ですくい、頭のてっぺんにある百会《ひゃくえ》から身体の中に取り入れる。そしてこの取り入れた気の素を両手で首から背中に沿わせながら胆中丹田へと導き、そこから徐々に下げながら最終的に臍下丹田まで導いてボール状にして押し込める。これを数回繰り返した後、丹田に蓄積された気のボールに手の平を当て、両手の親指で身体の前面にかき出す。

この気のボールを対象物に入れて（形に関係なく）持ち上げれば、身体の中心である丹田で持ち上げることになり、これまで重く感じていた物も楽に持てるようになる。腰回りの意識を使うので、必然的にぎっくり腰や腰痛を起こす確率も大きく減らすことができる。また、身体の芯が意識の中ではっきりしてくるので、各種動作の切れも良くなる。さらに、これまで手を握って拳骨を作ってもどこか頼りない気がしたものも、この丹田ボールの練習によってしっかりした充実感あふれる拳骨を作れるようになる。

変幻自在な気のボール

何か物理的な力を出す場合にも、この気のボールを相手との接点におくと、大きな作用力を出せる。形も大きさも自由に変化するこの変幻自在なボールをうまく使いこなすだけで、通常の部分力から総合力に移行し、力強さが増すのである。したがって、古手の初心者には、まずこの気のボールを作る練習をさせる。

当初は両手で気のボールを取り出し、両手で移動させるが、慣れて来ると片手で取り出して使いこなせるようになる。こうなると全身力の素を右手で持ったり、左手で持ったりすることができるようになる。

力を出す場合に、本当に丹田の気で対応しているのかどうかを判別する簡単な方法がある。顔の表情を見ることである。もし通常の筋力なら、出している力に応じて顔のどこかの筋肉が歪む。脳の支配によって力を出すと、脳の働きのディスプレイである顔に表情として現れるのである。これが丹田からの力であるなら、どんなに力を出しても顔の表情は崩れない。面白い現象である。

押す力

重心を押す

押すという動作も日常ではよくあることである。「押す」とは何かを動かそうとして上や横から力を加えることである。物理学の力学を学んだ人なら誰でもわかるし、学んでない人も、日常の生活の中で体得していることがある。それは、押すときには「重心を押す」ということである。酔っぱらいを連れて帰るときには、ぐにゃぐにゃした身体の腰を押しても肩を押してもいけない。もちろん手を引っ張るのも並大抵の労力ではすまない。

どうするか。このときには、骨盤の中央に位置し、身体の重心の近くにある固い仙骨を背後から指先などで押すのである。場所がわからない人は「尾骨のすぐ上」と思えばいい。この方法は、知っている人も多く、試したことのある人はわかると思うが、「ええ、こんなに簡単に押せるの」と思うぐらいに軽く押せる。また押されるほうもなぜだか足が前に進むような気がして楽である。この仙骨押しは、病人がバスなどに乗る場合や、階段を上る場合にも有効である。

一体化すると楽

押す対象の重心を押せばいい、ということはわかったが、押すほうの意識はどうなっているのだろうか。ただ押せばいいのだろうか。否である。これまで述べてきたように、意識は行動の原点であり、意識の持ちようによって効率よく力を出したり、無駄な力を使ったりする。手を使って押す場合には、手が自分の重心である臍下丹田から出ていると思えばよい。また、身体を支えながら押す場合には相手の胆中丹田と自分の胆中丹田の一体化を意識し、親指をのぞく四本指で仙骨を押しながら誘導してあげればよい。たったこれだけのことで、簡単に不自由な人を手助けすることができる。

力の本陣を押す

重心以外の場所、例えば腕などをつかまれて押された場合には、武術の心得のある者は、決して接点を押し返してはならないということである。力の元はどこにあるのかを良く見極め、確認し、接点を介してこの力の元である「本陣」を押す意識が重要である。

また、相手の意識に作用して押すには、複雑かつ微妙な皮膚神経に対して「押してない」あるいは「遠くを押している」という感覚を相手に与えることである。この意識を持てるかどうかが、「日常の行動感覚」という大きな鎧から解放され、意識の風船に包まれた自在力で動けるための鍵になる。

また、押すと言っても、相手を無力化するための手段として意識で押す場合には、たとえば、頭のてっぺんにある気の入り口を塞ぐのも有効である。人と人との相対関係においては、物理的な感覚だけで押しては、無駄な力を使ってしまうことになる。

第7章　琉球古手・舞と気の型

始めの型

長年、琉球の武術と古典女踊りの関係について研究してきたが、そのまとめとして、多彩な攻撃に対する多くの技と、いくつかの型が出来上がった。ここでは、その一つ、臍下丹田への気の集中から胆中丹田の気へと流れ、琉球舞踊の基本手によってこの気を操っていく「クァンタツー（寛達）」という古手の型を紹介する。

秘伝武術にからむ、拝み手、こねり手、押す手、それに、揺えい、つまみ曳き、返し手、捨て手などが含まれており、気を養成する型にもなっている。（写真24）

まず、両かかとを揃えた状態から、かかと、つま先の順で足を広げて行き、肩幅の自然体で立つ。それから、両手を高く掲げて天空の気をすくい、頭のてっぺんから取り入れる。

写真 24：琉球古手の型

取り入れた気を、肩、背骨の背後と順次下げて行き、臍下丹田に入れる。胸あたりから、掌は上向きから下向きに変わって行く。臍下丹田に溜まったボーリング玉大の気の球（球気）を、上から両手で掴むように触れておく。ここまでが型の開始前の準備体勢である。

クァンタツーの型は次の53の手順から成っている。

臍下丹田の気を操る型

1　掴んだ両手の親指を、玉を掴んだまま外に突き出して、丹田から気の玉をはずす（球気の分離）。
2　その気の玉を、両手で下からすくってから、身体の外へ出す（球気を持つ）。
3　息を吐き出しながら、そのまま両手を前方へもっていく（球気の移動）。
4　前方へ持って行った気を、息を吸いながら身体に近づけ、掌を返して丹田に戻す（球気の返戻）。
5　１の動作
6　２の動作

7　3の動作
8　4の動作
9　親指を突き出さずに、そのまま気の球をすくって外に出す。
10　うやうやしく気の球を天上の神に捧げる。掌が額ぐらいまできたら頭を軽く垂れる(拝み手)。
11　気の球を二つに分け、半分になった右手の気を内側にこねって、身体のななめ下方へもっていく（こねり手)。
12　同様に、半分になった左手の気を内側にこねって、身体のななめ下方へもっていく（こねり手)。
13　ななめ下方にある両手の気を、再び拝み手で捧げ、額の高さで合体させる（拝み手)。
14　両手にある気を再び二つに分け、今度は、一度に内こねりで左右の下方へもっていく（こねり手)。この時点で気を離す（球気の放出)。

胆中丹田の気を操る型

15　下方の両手で、身体の前にある気をすくい、その気を胆中丹田に入れる。

16　両手の親指をそのまま突き出して、身体の実体である気の身体を体外に出す（身気の分離）。

17　出した気の身体をはるか前方にもっていく（身気の移動）。

18　もっていった気の身体を、掌を返しながら引き寄せ、再び丹田に入れる（身気の返戻）。

19　16の動作

20　17の動作

21　18の動作

22　親指を突き出さず、そのまま気の身体をはるか前方へ導く（身気の放出）。

揺曳とつまみ曳きの型

23　両手を上下に一回揺曳させ、遠くにある天の気を近くまで招き寄せる。

24　さらに深く、身体と両手の揺曳により自分の身体まで引き寄せた後、折った手首の先から、はるか前方へ気を発する（額の高さ）。気を発するとき、「イヤッ」と臍下丹田から声を出す。

25　伸びた両手を左へ軽くこねる（こねり手）。

26　右へ軽くこねる。

27 左手を、身体の前で大きく円を描きながら、右手に合わせるように持って来る。
28 両手で、身体の前の大きな気の風船を抱く（気の風船抱き）。
29 気の風船を左右へつまみ曳いてから元の位置に戻す（気のつまみ曳き）。
30 もう一度29の動作。
31 つまみの手のままで、両手を頭より少し上へ持って行く。
32 軽くこねて軽く押し揚げる（軽い押す手、気の放出）。
33 もう一度押し上げる。
34 両手で身体の前の気を大きくすくい上げる。
35 すくい上げた気をこねり手で前方に向け、斜め上方に押し上げた後に、両手を「スーッ」と下ろす（押す手）。

返し手舞の型

36 両手で時計回りに大きく円を描いて胆中丹田の高さで止め、顔を左へ向ける。両手は雑踊りの返し手の姿勢をとる（返し手、左方へ舞の姿勢）。

37　舞の姿勢を保ったまま、左足を、かかとを移動させずに、左方へ向ける。
38　右足を左足のつま先の前方へもっていく。
39　右足を軸にして、左足の向きを真反対の方向まで回す。
40　右足を左足のつま先の前方へもっていく。
41　左足を元の位置に戻す。（身体の一回転済み）
42　今度は、反時計回りに大きく円を描いて胆中丹田の高さで止め、顔を右へ向ける。両手は雑踊りの返し手の姿勢をとる（返し手、右方へ舞の姿勢）。
43　右足を、かかとを移動させずに、右方へ向ける。
44　左足を右足のつま先の前方へもっていく。
45　左足を軸にして、右足の向きを真反対の方向まで回す。
46　左足を右足のつま先の前方へもっていく。
47　右足を元の位置に戻す。（逆の一回転済み）
48　左手を「スーッ」と右手の形に合わせる。

捨て手の型

49　息を吐きながら、力を抜き、そのまま両手を下ろす。
50　右手で、手のひら近くの気を掴み、横下方への投げ捨てる（捨て手）。
51　左手で同じ動作
52　両手で同じ動作
53　開始の位置に手をもっていく。

終わりの型

足を、つま先、かかとの順で閉じて行き、元に戻す。それから、手をお辞儀の位置にもってきて一礼して終わる。

最後に、

（１）三人連続攻撃
（２）三人同時攻撃
（３）三人任意攻撃

の三通りのパターンに対する乱取りの連続写真を掲載する。

（２）の三人同時攻撃では、先の先で三人同時に事の起こりへ働きかけ、接触した瞬間に柔の気で制し、そのまま固めてしまっている様子がわかる。（写真26）

写真25：連続して次々にかかってくる相手への投げ技

写真26：三人同時にかかってくる相手への対処

写真 27：三人が任意に攻撃してくる場合の乱取り（1）

写真 28：三人が任意に攻撃してくる場合の乱取り（2）

写真 29：三人が任意に攻撃してくる場合の乱取り（3）

おわりに

琉球舞踊の古典女踊りと秘伝武術の関係はいわゆる巷で言う〈気〉によって結ばれるのではないか、という発見が研究の一里塚であった。踊りそのものは歌の歌詞を表現する振り付けになっているが、要はその表現なのである。表現の所作の奥深さは歌詞の意味を透過し、人間の意識の持つ深遠さへと誘う。歌詞は日常的に持つ感情や状態を表現するが、琉球舞踊の所作は実に深いところから高度な技法を使って振り付けていると思えるのである。

われわれの理解力は経験に大きく依存している。押せと言われれば、対象物との接点すなわち作用点を押してしまうのは、これまで、物に対してそうしてうまく操作してきたからである。しかしながら、自分には、自分の想像をはるかに超える内意識が天空のように広がっている。

まず、この内意識の活用方法について訓練しなければならない。初歩となる第一歩は臍下丹田の活用である。身体の中心の意識によって、筋力に関わる潜在力をかなり高めることが可能になる。このことは多くのスポーツや格闘技で応用されていることである。

相手のある場合には、相手にも内意識の広大な宇宙空間があることを知らねばならない。問題は自分と相手の二者のエネルギーの作用をどうするかということである。それぞれが単独に持つ意識を利用すれば、条件反射、有意識で認知できない反応などに作用できる。これらは通常の感覚では理解できないため、「相手の動きや所作が理解できないままに、いつの間にか倒されている」あるいは「コンクリート壁のようなとてつもない大きな物に跳ね返されてしまった」などの感覚を持ってしまう。

さらに、強力な相手の筋力が、高熱をかけられた餅のようにベトベトしたものに変わるという想いをもつことができれば、さらに深くて大きい意識に作用でき、相対する二人に粘着性が生まれる。この現象は気に関する訓練をした人、気の力のある人同士に特に顕著に現れる。

私は若い頃、この内力を知るまで、表象的な筋力とそれに基づくスピードの訓練が武術の訓練だと勘違いしていた。そして丹田も筋力増強の訓練だと誤解していた。違っていた。人間が生物として持つ奥深い能力の探求が武術の探求そのものだったのである。

空を見上げると、はるか宇宙空間に森羅万象の数々が広がる。これは日常的に経験することなのでよく理解できる。重要なのは人間の中にも意識という形で広大な潜在空間が広がっていることの認識である。これを深めることによって、相手と調和して感動を与える踊りの所作が可能になるし、また深淵な武術にもなる。

「舞武一如」。琉球の秘伝武術と古典女踊りは、ともに人間の深い内面力で繋がっている。

参考文献

『面白いほどよくわかる古事記』、島崎晋著、日本文芸社
『本部朝基と琉球カラテ』、岩井虎伯著、愛隆堂
『沖縄空手古武道事典』、高宮城繁・新里勝彦・仲本政博編著、柏書房
『上原清吉琉球王家秘伝武術極意相伝55周年記念「武の舞」独演会』、解説書
『舞と武』、紫の会琉舞練場・本部流古武術協会共催、第7回合同研究発表会解説書
『皮膚という「脳」』、山口創著、東京書籍
『武道の心理学入門』、小沢隆著、ＢＡＢジャパン
『人物を修める』、安岡正篤著、致知出版社
『合気道奥義（道歌）』、阿部醒石編集
『よくわかるフロイトの精神分析』、久能徹・太田裕一編著、ナツメ社
『甲野善紀の驚異のカラダ革命』、甲野善紀著、学習研究社

著者：宮城　隼夫（みやぎ　はやお）

琉球大学名誉教授。在職中の専門はシステム理論。人間の曖昧さを扱うファジィ理論や意思決定機構を数理的に分析する研究に取り組む。中学、高校時代に空手を、大学では合気道を学ぶ。大阪府立大学大学院時代に、上原清吉師の本部御殿手の存在を知り、御殿手を学び始める。そのころから、琉球の秘伝武術と琉球舞踊の接点について強い関心と興味をもつ。以後、大学の合気道部の指導も行いながら、首里王府時代からの原武術を求めて「舞武一如」の心、人間の脳の意識と潜在能力について研究を深めている。

イラスト：喜屋武英樹

＊＊＊＊＊バウンダリー叢書＊＊＊＊＊
琉球秘伝・女踊りと武の神髄
2014年 3月28日　第1刷発行
2015年 4月 8日　第2刷発行

発行所：㈱ 海 鳴 社
http://www.kaimeisha.com/
〒101-0065　東京都千代田区西神田2－4－6
Eメール：kaimei@d8.dion.ne.jp
Tel.：03-3262-1967　Fax：03-3234-3643

JPCA

発 行 人：辻　信行
組　　版：海 鳴 社
印刷・製本：シナノ印刷

出版社コード：1097

ISBN 978-4-87525-307-5　